Das Buch
der vier
Jahreszeiten

Sally Tagholm

Tessloff Verlag

Herausgeberin   Melissa Fairley
Lektorin   Hannah Wilson
Designer   Jane Buckley
Herstellung   Debbie Otter
DTP-Manager   Nicky Studdart
Leitung der Bildrecherche   Jane Lambert
Bildrecherche   Rachael Swann

Der Verlag dankt folgenden Illustratoren:
Susanna Addario, Mike Atkinson, Andrea Brun, John Butler,
Peter Dennis (Linda Rogers Associates), Ray Grinaway, Ian Jackson (Wildlife Art),
Kevin Madison, Sebastian Quidley, Mike Saunders, Roger Stewart (Kevin Jones Associates),
Richard Ward, Gareth Williams und Dan Wright

Der Verlag dankt für die Bereitstellung von Fotos:
Corbis: 12ol, 24ul; Ardea London: 26ol; NHPA: 26ml; Corbis: 30ul; Science Photo Library,
Tom McHugh: 45ur; Frank Lane Picture Agency, David Hosking: 46m;
www.osf.uk.com, Scott Winer: 49ul; Popperfoto, David Joiner: 50ol;
Eye Ubiquitous, ©John Dakers: 52ul; Still Pictures, Julio Etchart: 66ul;
Still Pictures, Ron Giling: 84ul; Popperfoto: 90ul; P. A. Photos: 93mr
Kingfisher Publications Plc hat größte Sorgfalt aufgewandt, um die Inhaber des Copyrights
anzugeben, und bittet um Entschuldigung, sollte dabei ein Fehler unterlaufen sein.

Titel der Originalausgabe:
The Complete Book of The Seasons

Aus dem Englischen übertragen von Isabel Bogdan
Redaktionelle Bearbeitung der deutschen Ausgabe: Sabine Tessloff

ISBN 3-7886-0808-0

Printed in Singapore

INHALT

DIE JAHRESZEITEN

Im Laufe eines Jahres, das in Monate, Wochen und Tage eingeteilt ist, wechseln die Jahreszeiten. Sie verwandeln die Welt um uns herum und beeinflussen unser Leben. Frühling, Sommer, Herbst und Winter nahen manchmal unmerklich, eine Jahreszeit geht allmählich in die andere über. Aber zuweilen überraschen sie uns auch unangekündigt, und es gibt plötzlich einen dramatischen Wechsel, der einem unmöglich entgehen kann.

Im Wandel der Jahreszeiten

In den meisten Ländern gibt es in einem
Jahr vier Jahreszeiten – Frühling, Sommer,
Herbst und Winter. Jede dauert etwa drei
Monate und hat ihr eigenes Wetter und
bestimmte Temperaturen. Auch die Sonnenscheindauer ist je nach Jahreszeit sehr
unterschiedlich. An kalten, dunklen Winter-
abenden fällt es schwer, sich an die langen,
heißen Sommertage zu erinnern – ganz zu
schweigen vom Baden im Meer oder
dem Faulenzen in der Sonne.

Die vier Jahreszeiten

Schon immer haben die Menschen die Wichtigkeit der Jahreszeiten erkannt und sie auf unterschiedlichste Weise gefeiert. Wo man auch lebt, welche Sprache man spricht oder welcher Kalender gilt, die Jahreszeiten folgen in einem endlosen Kreislauf aufeinander. Es ist Jahr für Jahr der gleiche Ablauf. Jede Jahreszeit unterscheidet sich von der nächsten und ist ebenso wichtig. Sie verändert die Natur um uns herum auf ihre ganz eigene Weise.

Der Frühling bringt Geburt und Erneuerung, der Sommer Sonne und Wärme, durch die alles wächst und reift. Im Herbst kommt die Natur langsam zur Ruhe und bereitet sich auf den langen Winterschlaf vor. Auch wir verändern uns mit den Jahreszeiten – unsere Energien wachsen und schwinden mit der Sonne. An kurzen, kalten Wintertagen mummeln wir uns zu Hause ein und halten uns warm, wie Samen unter der kahlen, nackten Erde. Sobald es Frühling wird, öffnen wir die Türen und Fenster und möchten hinaus in die frische Luft. Im Sommer genießen wir die Sonne, so wie es die Sonnenblumen auf den Feldern tun, und im Herbst holen wir unsere Handschuhe und Schals heraus, denn wir wissen, dass es bald wieder Winter sein wird.

Auch auf anderen Planeten im Sonnensystem gibt es Jahreszeiten. Sie entstehen durch die Neigung der Planeten oder die Veränderung ihrer Entfernung von der Sonne auf ihren elliptischen Umlaufbahnen. Auf dem Mars gibt es vier Jahreszeiten, wie auf der Erde, aber da ein Jahr auf dem Mars so lang ist, wie zwei Jahre auf der Erde, sind auch seine Jahreszeiten viel länger. Der Merkur hat keine Atmosphäre, daher gibt es weder Wind noch Regen und keinen Schutz gegen die Sonnenhitze. Tage und Nächte dauern jeweils etwa drei Erdenmonate, und da der Abstand des Planeten von der Sonne schwankt, herrschen Temperaturen zwischen 420° C und –180° C. Der Planet Uranus hat extrem lange Jahreszeiten. Am Südpol dauert der Sommer 42 Jahre, in denen die Sonne nie untergeht, während der gegenüberliegende Pol 42 Jahre lang in Dunkelheit gehüllt bleibt.

In den vergangenen Jahren haben viele bedeutende Wissenschaftler davor gewarnt, dass die Erde sich aufgrund der Verschmutzung durch fossile Brennstoffe erwärmt. Man nimmt an, dass sich durch die globale Erwärmung auch Wettermuster verändern, wenn etwa die Polkappen schmelzen und der Meeresspiegel steigt. Außerdem verschieben sich möglicherweise die Jahreszeiten ein wenig: Frühling wird es früher, die Sommer dauern länger und die Winter werden milder.

Durch die Drehung der Erde um ihre eigene Achse auf ihrer Bahn um die Sonne entstehen die wechselnden Jahreszeiten. Die Erde ist stets um 23,5° zur Senkrechten geneigt, sodass auf ihrem Weg um die Sonne erst die eine, dann die andere Hälfte der Erde der Sonne zugekehrt ist. Im Dezember, wenn der Nordpol von der Sonne abgewandt ist, herrscht auf der nördlichen Halbkugel Winter. Gleichzeitig ist der Südpol der Sonne zugewandt, sodass auf der südlichen Halbkugel Sommer herrscht. Frühling und Herbst kommen dann, wenn die Erde eine Mittelstellung einnimmt.

Heiß und kalt

In einigen Ländern in der Nähe des Äquators ist es das ganze Jahr über heiß, und die Sonne steht immer hoch am Himmel. An den Polen steigen die Temperaturen hingegen kaum über den Gefrierpunkt.

In der Antarktis verschwindet die Sonne im Winter vollständig und die Temperaturen können bis auf −50° C fallen. Der Kontinent wird fast doppelt so groß, weil das Packeis an seinen Rändern gefriert.

In den meisten Wüsten ist es immer heiß und es regnet nur selten. Da keine Wolken die Sonne verdecken, sind die Temperaturen sehr hoch. Der Wassermangel ist für Tiere und Pflanzen gleichermaßen problematisch, aber sie haben sich an die Lebensbedingungen in der Wüste angepasst. Das Trampeltier oder Zweihöckrige Kamel kann lange (5 bis 7 Tage) ohne Futter und Wasser auskommen, da es in seinen beiden Höckern Fett als Energievorrat speichert.

Kaiserpinguin-Männchen schmiegen sich aneinander, um sich gegenseitig zu wärmen. Dabei stehen sie abwechselnd außen, wo ein eisiger Wind weht.

Die flugunfähigen Pinguine, die in der Antarktis leben, sind an die bittere Kälte angepasst. Sie haben isolierende Fettschichten, eine dicke Haut und ein dichtes Federkleid, das warme Luft einschließt. Kaiserpinguine leben in Kolonien am Meer und brüten im harten Winter. Das Weibchen legt ein einziges Ei und begibt sich dann auf die Futtersuche, während das Männchen allein brütet. Neun Wochen lang balanciert es das Ei auf seinen Füßen, wo es von seinem warmen, weichen Körper geschützt wird. Wenn das Weibchen zurückkehrt, hat das Männchen bis zu einem Drittel seines Körpergewichts verloren. Jetzt füttert die Mutter das geschlüpfte Küken und das Männchen geht zum Fressen ins Meer.

11

Feucht und trocken

In manchen Regionen in der Nähe des Äquators, zum Beispiel in Teilen von Südamerika und Afrika, ist es die meiste Zeit des Jahres über heiß und trocken. Dort gibt es eine, manchmal auch zwei Regenzeiten im Jahr.

Die Graslandschaften – oder Savannen – in Afrika, Südamerika und in Nordaustralien leiden unter der langen heißen und trockenen Jahreszeit. Dann wird das Land von der sengenden Sonne ausgedörrt – das Gras vertrocknet und vergilbt, die Bäume verlieren ihre Blätter. Bäume wie die Akazie und der Baobab (Affenbrotbaum) überleben dank ihrer langen Wurzeln, die bis zum Grundwasser weit unter die Erdoberfläche reichen. Der Baobab hat außerdem einen dicken, feuerfesten Stamm, der Wasser speichert wie ein Schwamm. Die Buschmänner in der Kalahari benutzen hohle Grashalme, um das kostbare Wasser aus dem Baobabstamm zu trinken.

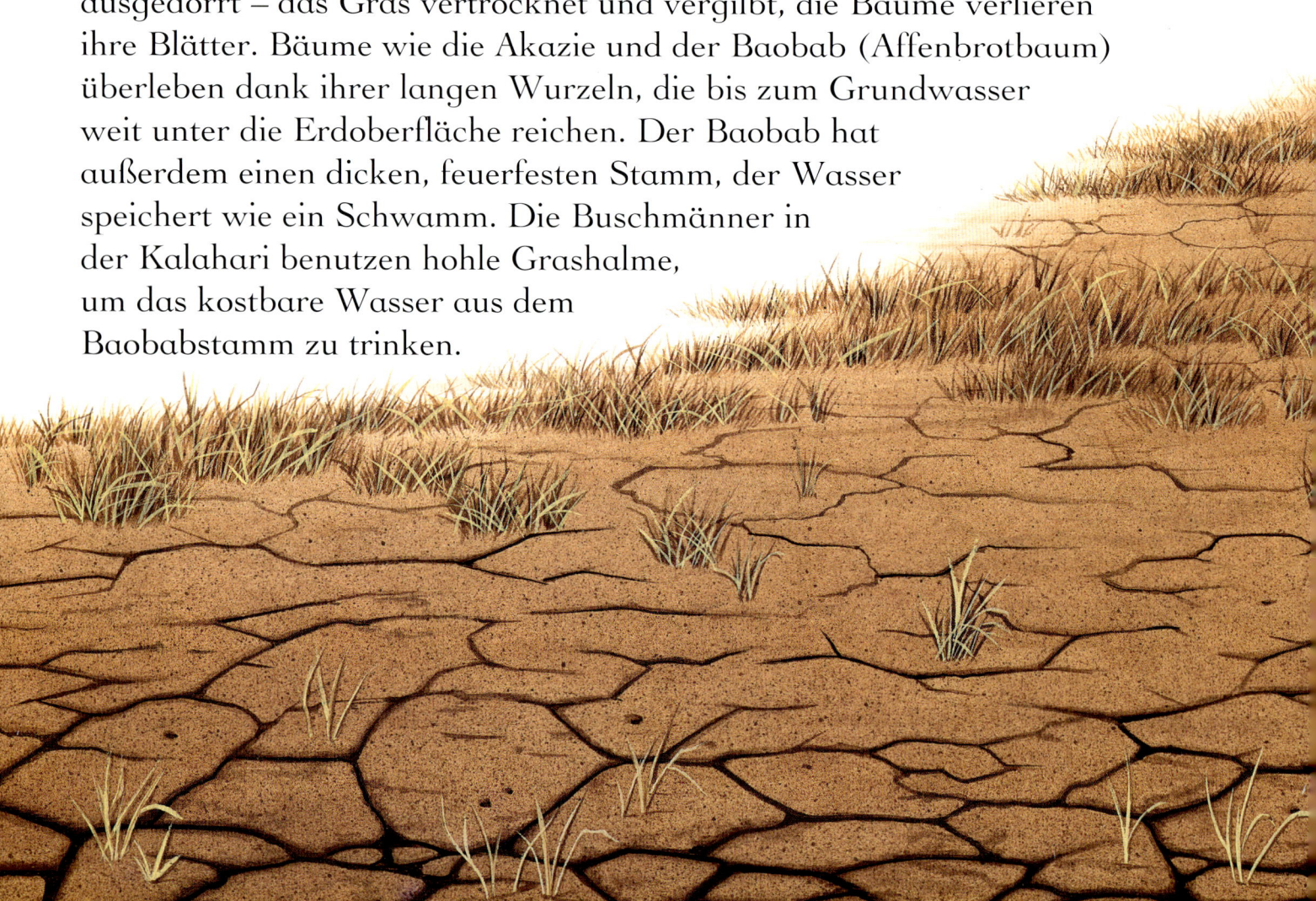

In Südasien herrscht jedes Jahr von Juni bis September der Sommermonsun. Der Wind dreht auf Südwest und bläst vom Meer her wolkenbruchartige Regenfälle über das Land. Der lang erwartete Regen erreicht zuerst die Südspitze Indiens – er ist wichtig für die Ernte des folgenden Jahres. Aber wenn die Regenfälle außergewöhnlich heftig sind, können sie verheerende Flutkatastrophen auslösen. Erst 1988 wurden in Bangladesch über 28 Millionen Menschen obdachlos.

Grasende Tierherden wie Zebras und Elefanten müssen zum Überleben auf der Suche nach Wasser weite Entfernungen zurücklegen. Kleinere Tiere, zum Beispiel Erdmännchen und Erdhörnchen, graben sich Höhlen unter der Erde, um der Hitze zu entkommen und nicht zu viel Flüssigkeit zu verlieren.

Wind und Wellen

Am Ende des Frühlings und zu Beginn des Sommers herrscht im Mittleren Westen der USA die Zeit der Tornados. Auch in Australien, Kanada, Mitteleuropa, Japan und Zentralasien gibt es diese heftigen Wirbelstürme.

Tornados können ganz plötzlich entstehen, wenn feuchtwarme Luft aufsteigt, abkühlt und gewaltige Gewitterwolken bildet. Wo die warme Luft aufsteigt, strömt kalte Luft nach, und es wehen starke Winde. Sie beginnen sich zu drehen und kreisen immer schneller, bis sich ein trichterförmiger Wolkenschlauch wie ein Rüssel zur Erde senkt.

Wie jede Wolke bestehen Tornados zunächst aus Millionen winziger Wassertröpfchen. Sobald sie den Boden berühren, saugen sie Staub und Dreck auf und werden fast schwarz. Sie können alles in die Luft wirbeln, was ihnen im Weg steht – Häuser, Autos, Busse und Tiere. Die Windgeschwindigkeit in einem Tornado kann bis zu 800 Stundenkilometer betragen.

Die tropischen Wirbelstürme, die zwischen dem 1. Juni und dem 30. November regelmäßig im Atlantik auftreten, heißen Hurrikans. Sie bilden sich über dem Meer, wenn warme Luft so schnell aufsteigt, dass darunter ein starker Unterdruck entsteht. Immer mehr Luft wird angesogen, und so entsteht ein gewaltiges spiralförmiges Wettersystem. Wenn die Windgeschwindigkeit 120 Stundenkilometer erreicht, nennt man den Sturm Hurrikan.

Hurrikans können bis zu 400 Kilometer breit werden, mit rasenden Wirbelwinden im Inneren.

Nördlich des Äquators drehen sie sich entgegen dem Uhrzeigersinn, südlich des Äquators im Uhrzeigersinn. Genau in der Mitte des Sturms, im so genannten „Auge", ist es ruhig und windstill, und die Temperaturen sind sehr hoch. Ähnliche Stürme sind die Taifune im Pazifik und die Zyklone im Indischen Ozean.

Hurrikans, Zyklone und Taifune werden oft von heftigen Unwettern begleitet, wenn sie über das Meer rasen. Durch den Unterdruck wird Wasser angesogen und zu einer gewaltigen Wasserwand aufgetürmt. Manche Wellen werden bis zu 30 Meter hoch und verursachen in tief liegenden Küstenregionen, zum Beispiel in Bangladesch, Pakistan und Nordwestindien, große Schäden. Im Februar 1953 führte eine Flutwelle zu einer katastrophalen Überschwemmung in den Niederlanden, bei der 2000 Menschen ums Leben kamen. 1969 zerstörte der Hurrikan Camille (Hurrikans erhalten abwechselnd männliche und weibliche Namen) die Küsten von Florida und Mississippi. In einer 8 Meter hohen Flutwelle ertranken 300 Menschen. Meteorologen suchen ständig nach besseren Möglichkeiten, Hurrikans möglichst sicher vorherzusagen.

FRÜHLING

Der Frühling bringt nach den ruhigen, kalten
Wintermonaten neues Leben in die Welt.
Das Wetter wird wärmer und die Tage länger.
Bunte Blumen blühen, Tiere erwachen aus
dem Winterschlaf, und Vögel zwitschern in
der frühen Morgenluft. Die Bauern bestellen
ihre Felder, beginnen mit der Aussaat und
versorgen die neugeborenen Lämmchen.

Frühlingsregen

Wenn der Frühling kommt, werden die Tage länger, und die Erde erwärmt sich nach den langen Wintermonaten. Aber das Wetter kann sehr schnell umschlagen: Wenn gerade noch die Sonne schien, tropft es im nächsten Moment schon vom Himmel.

Der Frühling ist für seine plötzlichen Schauer und Wolkenbrüche bekannt, die die Erde wässern und die Pflanzen wachsen lassen. In dieser Jahreszeit wird auch die Sonne stärker und klettert am Himmel etwas höher. Die Bäume schlagen aus, und die ersten Frühlingsblumen beginnen zu blühen.

Verschiedene Wolkentypen verursachen Wetteränderungen. Die großen weißen „Kumulonimbus" (links) haben ihren Namen von den lateinischen Wörtern für „Haufen" und „Regenwolke". Sie türmen sich oft hoch am Himmel zu eindrucksvollen Gewitterwolken in der Form eines Ambosses auf. Wie alle Wolken entstehen sie, wenn Wasserdampf aufsteigt, abkühlt und zu Millionen kleiner Wassertröpfchen kondensiert. Diese Wolken werden größer und größer und sammeln mehr und mehr Feuchtigkeit, die dann als Regen wieder zur Erde fällt.

Wegen des wechselhaften Wetters ist der Frühling die Jahreszeit, in der es die meisten Regenbogen gibt. Sie stehen plötzlich am Himmel, wenn die Sonne während des Regens hinter einer Wolke hervorkommt. Die Farben des Regenbogens verlaufen stets in der gleichen Reihenfolge – oben Rot, dann Orange, Gelb, Grün, Blau und ganz innen Violett.

Der Frühling ist eine gute Jahreszeit, um Regenmantel und Gummistiefel anzuziehen und durch Pfützen zu hüpfen. Die ersten wasserdichten Stiefel wurden 1815 vom englischen Herzog von Wellington erfunden.

Regentropfen wirken wie Prismen: Sie brechen und reflektieren die Sonnenstrahlen und bilden dadurch einen Regenbogen. Sie spalten das Sonnenlicht in die sechs Farben des Regenbogens auf, die so genannten Spektralfarben.

Mit einem Thermometer misst man, wie warm oder kalt die Luft ist. Im Thermometer ist Quecksilber oder Alkohol. Diese Flüssigkeit steigt in einem Glasröhrchen auf, wenn es warm wird, und sinkt ab, wenn es kühler wird.

Frühlingsblumen

Nach den kalten, kargen Wintertagen sprießen zu Beginn des Frühjahrs zarte, neue Triebe aus der Erde. Feste Knospen brechen wie von Zauberhand auf, erblühen zu leuchtenden Frühlingsblumen und wenden ihre Köpfe der Sonne zu.

Zu Beginn des Frühjahrs breiten die winzigen rosa Blüten der Frühlingsschönheit in Wäldern und an Flussufern einen Sternenteppich aus. Die Blüten öffnen sich nur bei Sonnenschein. Die aus Nordamerika stammende Pflanze trägt auch den Namen Claytonie und wächst aus kartoffelartigen Knollen.

Die hängenden, männlichen Kätzchen oder Lämmerschwänzchen öffnen sich bereits zu Frühlingsbeginn, noch bevor der Haselnussstrauch Blätter bekommt. Sie haben sich schon im Herbst ausgebildet. Jedes trägt mehr als 100 kleine Blüten. Die Kätzchen schütten ihren Pollen an windigen Tagen aus.

Viele Frühlingsblüher – wie Krokusse, Narzissen, Hyazinthen oder Tulpen – wachsen aus rundlichen Zwiebeln oder knotigen Knollen. Sie werden im Herbst gesetzt und liegen im Winter geschützt unter der Erde. Bei den ersten Anzeichen wärmeren Wetters beginnen sie zu sprießen.

Auf der ganzen Welt werden Zwiebelgewächse gezüchtet, aber besonders berühmt für ihren Zwiebelanbau sind die Niederlande. Im Frühling breiten sich Blumenfelder wie herrliche Farbkleckse in einem riesigen Malkasten aus, so weit das Auge reicht. Vor langer Zeit, im 17. Jahrhundert, waren manche Zwiebeln so selten und wertvoll, dass einzelne Exemplare für hohe Geldbeträge den Besitzer wechselten. Eine Tulpenzwiebel mit dem Namen „Semper Augustus" wurde für 3 000 Holländische Gulden verkauft – das sind heute etwa 1 400 Euro.

Die beliebtesten Frühlingsblumen sind vielleicht die Narzissen mit ihren langen, grünen Stängeln und freundlich nickenden Köpfen. Seltsamerweise enthalten die Zwiebeln und die Blätter der Narzissen giftige Kristalle, sodass sie nur von wenigen Insekten besucht werden.

Der Teich

Den größten Teil des Jahres über ist der Teich ein friedlicher Ort; nur gelegentlich sieht man eine Ente oder ein Teichhuhn. Aber im Frühling, wenn sich die Tiere über und unter der Wasseroberfläche auf die Brutsaison vorbereiten, wimmelt es hier von Leben.

Libellenlarven werfen während des Wachstums ihre Haut ab. Nach der fünften oder sechsten Häutung bilden sich die Flügel. Die Larve krabbelt an einem Halm aus dem Wasser, wirft zum letzten Mal ihre Haut ab und wird dann zu einer schönen, fertigen Libelle.

Am Ufer von Teichen wachsen oft Sumpfpflanzen, zum Beispiel Schwertlilien. Schwertlilien bringen im Frühjahr frische Farbtupfer an die Teiche. Seerosen verankern ihre langen Wurzeln im Schlamm auf dem Grund des Teichs, und ihre breiten Blätter schwimmen auf der Wasseroberfläche.

Der Gelbrandkäfer frisst Kaulquappen, Wasserschnecken und kleine Fische. Im Frühjahr legt das Weibchen seine Eier in die Stängel von Wasserpflanzen. Wenn die Larven schlüpfen, sehen sie aus wie blasse, garnelenartige Insekten. Sie halten sich an Pflanzen und Wurzeln fest, damit sie nicht an die Oberfläche treiben.

In der Paarungszeit ist der Teichmolch farbenfroh gezeichnet und trägt einen gewellten Kamm auf dem Rücken. Er führt oft eine Art Balztanz auf, bei dem er den Rücken wölbt und mit dem Schwanz schlägt, um ein Weibchen zu beeindrucken. Das Weibchen legt seine Eier einzeln an einem geschützten Platz ab – unter einem Blatt oder einer Wasserpflanze.

Im Frühling markieren männliche Spechte ihr Revier und locken Weibchen an, indem sie mit dem Schnabel hart an die Rinde eines Baumes klopfen. Es klingt wie ein Geheimcode – jeder Vogel klopft seine Botschaft in seinem eigenen unverwechselbaren Rhythmus. Meist hören die Männchen damit auf, wenn sie zu nisten beginnen.

Teichhühner bauen ihre Nester meist aus alten, getrockneten Wasserpflanzen und Schilf nahe am Ufer. Manchmal finden sie im nahe gelegenen Gebüsch auch alte Nester, die von anderen Vögeln verlassen wurden. Das Weibchen legt fünf bis elf Eier, die von beiden Elternteilen ausgebrütet werden.

Bald nachdem die Entenküken aus den Eiern geschlüpft sind, folgen sie ihrer Mutter zum Teich und plantschen munter im Wasser. Sie können sofort schwimmen und lernen schnell, ihr Futter selbst zu suchen. Wenn diese kleinen Stockenten ausgewachsen sind, werden die Männchen ein farbenprächtigeres Federkleid tragen als die Weibchen.

Jedes Jahr im Frühjahr, zur Paarungszeit, kommen Frösche zum Teich zurück, um sich zu paaren. Die Weibchen legen ihre Eier in gallertigen Klumpen ab, die unmittelbar unter der Wasseroberfläche treiben. Sie heißen Froschlaich. Die kleinen Kaulquappen, die aus den Eiern ausschlüpfen, entwickeln schließlich Beine, bis sie nach 12 oder 13 Wochen zu kleinen Fröschchen herangewachsen sind.

Frühling auf dem Bauernhof

Seit Menschen begonnen haben, das Land zu bestellen, folgt das landwirtschaftliche Jahr dem Zyklus der Jahreszeiten. Jedes Jahr nimmt den gleichen Verlauf, der das Leben der Landwirte auf der ganzen Welt prägt.

Der Frühling ist eine der Jahreszeiten, in denen es auf dem Bauernhof am meisten zu tun gibt. Sobald die letzte Winterkälte vorüber ist, werden die Felder vorbereitet, die Sommersaat wird ausgesät, und das Vieh kommt aus den Ställen auf die frischen Weiden.

Vom Ende des Winters an bis ins Frühjahr hinein werden Lämmchen geboren. Nach dem vielen Regen ist das Gras üppig und grün, und die Mutterschafe geben reichhaltige und nahrhafte Milch, die die wackligen Lämmer für ihr Wachstum brauchen. Bald sind sie stark genug, um über die Wiese zu springen und in der Frühlingssonne herumzutollen. Mit sechs Monaten werden sie von ihren Müttern entwöhnt.

Reis ist das Hauptnahrungsmittel für mehr als die Hälfte der Weltbevölkerung. Zum Wachsen braucht er ein warmes Klima und viel Wasser. Man lässt den Reis in besonderen Saatbeeten keimen und setzt dann die Reispflänzchen von Hand in die Reisfelder um. Die Reisfelder bestehen aus vorbereiteten Rinnen mit aufgehäuften Erdwällen an den Seiten und werden künstlich überflutet. Damit der Boden der Reisfelder weich genug für die Wurzeln der Reispflänzchen ist, lässt der Bauer manchmal sein Vieh hindurchwaten, um die Erde aufzubrechen. Die Pflänzchen werden sorgfältig, eines nach dem anderen, unter Wasser in ordentlichen, geraden Reihen gesetzt. Wenn der Reis später im Jahr reif ist, lässt man vor der Ernte das Wasser von den Reisfeldern ablaufen.

Frühjahrsputz

Der Frühling ist die Jahreszeit der Wiedergeburt und Erneuerung, in der nach den langen, kalten Wintermonaten die ganze Welt zu erwachen scheint. Alles ist von neuer Energie erfüllt – wir auch!

Die helle Frühlingssonne, die durch die Fenster hereinscheint, bringt den ganzen Staub und Schmutz des Winters ans Tageslicht. So ist es nicht überraschend, dass viele Leute ihre Wohnung in dieser Jahreszeit besonders gründlich putzen.

Wir haben heute eine ganze Reihe von Apparaten und Geräten, die uns beim Hausputz helfen. Vielleicht gibt es schon bald Roboter, die den Boden wischen oder Tische polieren können. Früher, als alles noch von Hand gemacht werden musste, konnte der Frühjahrsputz Tage oder sogar Wochen dauern. Durch die offenen Feuer, die den ganzen Winter über brannten und qualmten und eine Menge Rauch und Ruß erzeugten, wurde alles sehr schnell schmutzig.

Traditionell beginnt der Frühjahrsputz zur Zeit der Frühlings-Tagundnachtgleiche, wenn Tag und Nacht gleich lang sind. Dies ist auch der erste Tag des Frühlings – auf der Nordhalbkugel der 20. oder 21. März, und auf der Südhalbkugel der 22. oder 23. September. Von nun an werden die Tage länger und wärmer, sodass man die Winterkleidung in den Schrank hängen und schon an den bevorstehenden Sommer denken kann. Es ist Zeit aufzuräumen – und vielleicht sogar verlorene Schätze wiederzufinden, die Monate zuvor verschwunden waren.

Im Frühling herrscht auf Bootswerften und in Jachthäfen Betrieb, und es riecht nach Farbe und Lack. In dieser Jahreszeit werden die Boote neu gestrichen und repariert, damit sie wieder seetüchtig sind.

Der erste funktionstüchtige Staubsauger wurde 1901 erfunden. Er war so groß, dass er von vier bis sechs Personen bedient werden musste. Der erste Handstaubsauger (für eine Person) wurde 1907 entwickelt.

Ostara war im alten Nordeuropa die Frühlingsgöttin und wurde oft mit einem Korb voll Eier und einem Hasen oder Kaninchen dargestellt. Sie personifizierte die Wiedergeburt der Erde und allen Lebens.

27

Im Park

Wenn der Frühling beginnt und die Tage länger werden, gießt das helle Sonnenlicht wieder seinen Zauber über die Erde. Es lockt die Menschen hinaus an die frische, milde Luft – die dicke Kleidung kann weggeräumt und bis zum nächsten Winter vergessen werden.

Im Park, wo es den größten Teil des Winters über still und kahl war, beginnt es sich zu regen. Einige Bäume sind schon mit grünen Knospen gesprenkelt, und plötzlich sind die ersten rosa Blüten da. Die Vögel bauen Nester und bereiten sich auf die Eiablage vor, die Enten sind hungrig und warten auf Futter.

An sonnigen Frühlingstagen kommen viele Menschen in den Park, um die Sonne zu genießen – und den Duft von frisch gemähtem Gras, der zum ersten Mal seit dem vergangenen Sommer die Luft erfüllt. Die Parkgärtner haben alles für das Jahr vorbereitet, haben gestrichen und repariert. Hunde bellen und toben herum, wedeln freudig mit dem Schwanz und jagen Stöckchen oder Bällen nach. Kinder spielen auf den Schaukeln und Rutschen und fahren Fahrrad.

Für Skateboardfahrer gibt es Skateparks. In der Mitte eines Platzes steht eine große Rampe („Halfpipe") aus Beton, die wie ein riesiges „U" aussieht. Dort üben die Skater ihre waghalsigen Tricks, bei denen sie in der Rundung auf und ab sausen und oben hoch durch die Luft fliegen. Sie tragen immer Helme, Knie- und Ellenbogenschoner und weite Kleidung, damit sie sich bequem und sicher bewegen können. Beim Skateboardfahren gibt es viele unterschiedliche Tricks. Einer der beliebtesten ist der Hochsprung („Air"), den der Skater in der Luft vollführt, wobei er das Brett mit einer Hand festhält, und bei dem alle vier Räder des Skateboards gleichzeitig vom Boden abheben.

Manche Bäume
schlagen schon aus
und tragen einen
grünen Schleier, wenn
andere noch ganz kahl sind.
Birken und Weiden gehören zu
den ersten Bäumen, die frische
Frühlingsblätter bekommen.

In manchen Parks dürfen
Hunde frei herumlaufen,
in anderen müssen sie an
der Leine geführt werden.
Die Besitzer lassen den
Hundekot nicht liegen,
sondern werfen ihn in
die Mülleimer.

Frühlingsnächte

Warme Frühlingsnächte sind ideal zum Sternebeobachten – vor allem, wenn man durch ein Fernglas oder Teleskop zum Nachthimmel aufblickt. So kann man vom Garten aus das Universum entdecken.

Im Frühjahr erscheinen neue Sternbilder am Nachthimmel und kennzeichnen den Wechsel der Jahreszeiten. Auf der Nordhalbkugel verschwinden Orion und seine benachbarten Sternbilder langsam aus dem Blickfeld, und andere Sternbilder tauchen auf.

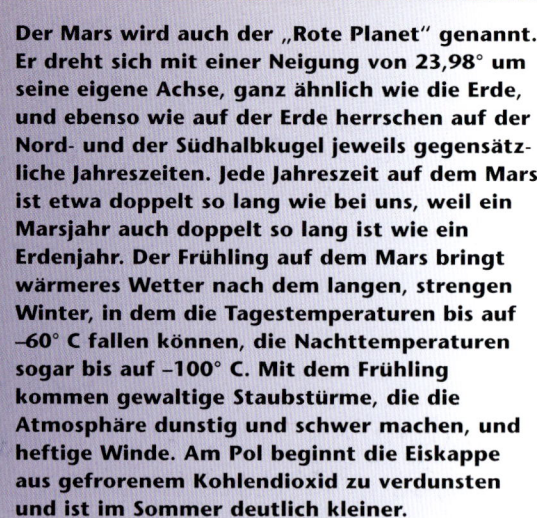

Der Mars wird auch der „Rote Planet" genannt. Er dreht sich mit einer Neigung von 23,98° um seine eigene Achse, ganz ähnlich wie die Erde, und ebenso wie auf der Erde herrschen auf der Nord- und der Südhalbkugel jeweils gegensätzliche Jahreszeiten. Jede Jahreszeit auf dem Mars ist etwa doppelt so lang wie bei uns, weil ein Marsjahr auch doppelt so lang ist wie ein Erdenjahr. Der Frühling auf dem Mars bringt wärmeres Wetter nach dem langen, strengen Winter, in dem die Tagestemperaturen bis auf –60° C fallen können, die Nachttemperaturen sogar bis auf –100° C. Mit dem Frühling kommen gewaltige Staubstürme, die die Atmosphäre dunstig und schwer machen, und heftige Winde. Am Pol beginnt die Eiskappe aus gefrorenem Kohlendioxid zu verdunsten und ist im Sommer deutlich kleiner.

Auf der Nordhalbkugel kann man im Frühling Meteorströme beobachten, zum Beispiel die Lyriden im April und die Eta Aquariden im Mai.

Eines der auffallendsten Sternbilder ist der Löwe. Sein Kopf und die Vorderbeine sehen aus wie ein seitenverkehrtes Fragezeichen aus Sternen. Diese Sternensichel markiert auch seine Mähne. An ihrem unteren Ende liegt ein heller Stern mit dem Namen Regulus, was „kleiner König" bedeutet. Er ist etwa 85 Lichtjahre von uns entfernt und leuchtet 160-mal so hell wie unsere Sonne. Er hat eine bläulich-weiße Tönung.

In klaren, mondlosen Nächten kann man Meteore über den Nachthimmel streifen sehen. Meteorströme entstehen, wenn die Erde sich durch die Staubspur eines vorbeiziehenden Kometen bewegt.

31

St. Patrick's Day

Das Fest des heiligen Patrick, des Schutzpatrons von Irland, wird am 17. März von Iren auf der ganzen Welt als Nationalfeiertag begangen. Zum Beispiel veranstalten die irischstämmigen Amerikaner in den USA in mehr als 100 Städten farbenprächtige Straßenumzüge.

Der heilige Patrick lebte vor mehr als 1500 Jahren und soll das Christentum nach Irland gebracht haben. Er wurde im Jahr 385 in Britannien geboren, ist dann aber dreißig Jahre lang durch Irland gereist und hat Klöster, Kirchen und Schulen gegründet. Es heißt, er habe von einem Hügel herab eine Predigt gehalten, die alle Schlangen aus Irland vertrieben habe. Möglicherweise ist dies aber nur ein Bild, mit dem ausgedrückt werden soll, dass er die Heiden zu Christen machte.

Am St. Patrick's Day herrscht Karnevalsstimmung – man freut sich über die geschmückten Wagen, Marschkapellen und irischen Volkstänze. Die Menschen, die zum Umzug kommen, sind grün gekleidet und färben sich sogar die Haare und Gesichter grün. Oder sie verkleiden sich – zum Beispiel als Leprechauns, die koboldhaften Schuhmacher aus den irischen Volksmärchen. Alle tragen einen Shamrock, das dreiblättrige Kleeblatt, das mit dem heiligen Patrick in Verbindung gebracht wird.

Die ersten öffentlichen Feierlichkeiten zum St. Patrick's Day in den USA wurden 1737 in Boston abgehalten. Der erste St. Patrick's Day-Umzug in Amerika fand statt, als 1762 irische Soldaten, die in der englischen Armee dienten, durch New York City marschierten.

In Indien wird der Beginn des Frühlings mit dem hinduistischen Fest Holi gefeiert. Es dauert zwei oder drei Tage. In der Vollmondnacht während der Frühjahrsernte wird ein großes Lagerfeuer entzündet. Man glaubt, dass die Flammen auf Land weisen, das im kommenden Jahr besonders fruchtbar sein wird. Die Menschen werfen Kränze aus Kuhdung (in Indien sind Kühe heilig) ins Feuer, bringen Weizen, Reis und Mais als Opfergaben dar und rösten Kokosnüsse, die Symbole für neues Leben sind. Es ist auch ein Fest der Farben, die für Fruchtbarkeit stehen. Die Menschen bemalen sich gegenseitig mit buntem Farbpulver (Gulal).

Bun Bang Fai

In der zweiten Maiwoche wird im Nordosten Thailands jedes Jahr das Raketenfest Bun Bang Fai gefeiert. Nach der langen Trockenzeit bitten die Bauern mit diesem Fest traditionell eine Gottheit um Regen für ihre Felder.

Der Legende zufolge gab es einmal einen Regengott mit dem Namen Vassakan, der es liebte, durch Feuer verherrlicht zu werden. Die Bauern bauten eine Rakete – oder „Bang Fai" – und schossen sie hoch hinauf in den Himmel, wo der Regengott lebte. Die Menschen hofften, dass Vassakan sie erhören und Regen schicken würde.

Das zwei Tage dauernde Fest wird schon seit Jahrhunderten gefeiert, und heute kommen Menschen aus aller Welt, um die überwältigenden Darbietungen zu bewundern. Am ersten Tag finden Umzüge statt, am zweiten Tag werden die Raketen abgefeuert.

Die Menschen glauben, dass ihr Dorf, wenn sie Raketen in die Luft schießen, mit Regen gesegnet wird, und es im kommenden Jahr genug zu essen geben wird. Vor der Abschusszeremonie werden die Raketen von buddhistischen Mönchen gesegnet.

In Nunavut, einem kanadischen Territorium in der östlichen Arktis, feiert man die Ankunft des Frühlings mit dem Fest Toonik Tyme. Zu den traditionellen Feierlichkeiten der Inuit (Eskimos) gehören Wettbewerbe im Iglu-Bauen und ein Auftritt des „Tuniq", einer Art arktischem Osterhasen, der aber in Karibu-Felle gekleidet ist. Es werden Inuit-Spiele gespielt, es gibt Schneemobil- und Hundeschlittenrennen. Die Hunde der kanadischen Inuit heißen in ihrer Sprache „Qimmig". Sie sind perfekt an das arktische Klima angepasst und fressen Fleisch und Fett. Diese Hunde gibt es schon seit über 4000 Jahren in der Arktis.

Alle Raketen sind selbstgebaut und bestehen aus farbenprächtig bemalten Bambus- oder Holzröhren. Bei Wettbewerben wird festgestellt, welche Rakete am größten ist oder welche am höchsten fliegt. Manche Raketen sind riesig – bis zu neun Meter lang - und mit bis zu 25 Kilo Schießpulver gefüllt.

SOMMER

An den langen, heißen Sommertagen steht die
Sonne hoch oben am Himmel und hat die größte
Strahlungskraft. Felder und Wiesen stehen in
voller Blüte, und Bienen sammeln emsig Pollen
und Nektar. Die Ernte reift in der Wärme
langsam heran, und manche Sommerfrüchte
können schon gepflückt werden. Der Strand
ist voller Urlauber, die die Sonne genießen.

Sonnenflecken, dunkle Gebilde auf der Sonnenoberfläche, treten alle elf Jahre besonders zahlreich auf. Dann ist die Sonne extrem unruhig und zeigt Strahlungsausbrüche, die bei uns zu Störungen des Funkverkehrs und zu Polarlichtern führen.

Ein Sonnenscheinschreiber ist ein Gerät, das die Sonnenscheindauer misst. Eine Glaskugel bündelt die Strahlen auf ein Blatt Papier und es brennt sich eine Linie darauf ein (oder Punkte, wenn die Sonne immer wieder verschwindet).

Viele führende Wissenschaftler gehen heute davon aus, dass die Erde sich aufgrund des „Treibhauseffekts" erwärmt. Bestimmte Gase, zum Beispiel Kohlendioxid, wirken wie ein Glasdach, das die Abstrahlung der Wärme in den Weltraum verhindert.

Sommersonne

Die Sonne ist der Stern, der uns am nächsten ist, und die Quelle für alles Licht, alle Wärme und alles Leben auf der Erde. Ihr sich ändernder Stand am Himmel ist der Grund für den Ablauf der Jahreszeiten. Im Sommer steht sie jeden Tag etwas höher und strahlt immer stärker, sodass alles wächst und blüht.

Die Sonne scheint schon seit rund fünf Milliarden Jahren. Die Temperatur in ihrem Innern beträgt 15 Millionen Grad Celsius und ihr Licht hat eine Geschwindigkeit von rund 300 000 Stundenkilometern. Das bedeutet, dass es rund achteinhalb Minuten braucht, um zu uns zu kommen.

Weil die Erdachse in einem bestimmten Winkel zu einer Seite geneigt ist, steht die Sonne im Laufe des Jahres in wechselnden Breiten jeweils am höchsten. Auf der Nordhalbkugel ist die Sommersonnenwende (21. oder 22. Juni) die Zeit, wenn die Sonne am weitesten nördlich und senkrecht über dem nördlichen Wendekreis (23 Grad 27 Minuten nördlicher Breite) steht. In diese Zeit fällt auch der längste Tag des Jahres mit den meisten Sonnenstunden – es beginnt der Sommer. Diese besondere Zeit im Jahr wurde schon seit alters her in vielen Religionen und Kulturen auf der ganzen Welt gefeiert. Man nennt die Sonnenwende auch „Solstitium" – das Wort kommt aus dem Lateinischen und bedeutet „Sonnenstillstand". Und genau das scheint die Sonne zu tun – ihr Winkel ändert sich von Tag zu Tag nur noch ganz wenig.

Dann ist aber noch nicht die heißeste Zeit des Sommers – normalerweise braucht die Erde noch ein paar Wochen, um sich richtig zu erwärmen. Auf der Südhalbkugel geschieht genau das Gegenteil: Die Wintersonnenwende und der kürzeste Tag finden statt.

Obwohl es im Sommer am heißesten ist, steht die Erde zu dieser Zeit am weitesten von der Sonne entfernt. Das liegt daran, dass sie sich nicht auf einer genauen Kreisbahn um die Sonne bewegt, sondern auf einer ovalen Bahn. Im Juli sind wir 152 Millionen Kilometer von der Sonne entfernt, im Januar 147 Millionen Kilometer.

WARNUNG: Man darf nie unmittelbar in die Sonne gucken, und auf gar keinen Fall durch ein Fernglas oder Teleskop – man kann für den Rest seines Lebens erblinden.

Das Krokodil, ein Kaltblüter, nimmt die Sonnenwärme in sich auf und liegt mit weit aufgerissenem Maul in der Sonne. Die Haut im Maul ist sehr dünn und hat viele Blutgefäße nahe der Hautoberfläche. Wenn Luft zirkuliert, verdunstet Feuchtigkeit aus dem Maul und kühlt.

Das Pferd braucht bei hohen Temperaturen Schatten und muss viel Wasser trinken. Es schwitzt am ganzen Körper, um sich abzukühlen. Der Schweiß enthält ein Protein, das Schaum, der wie Eischnee aussieht, bildet, wenn es dem Pferd sehr heiß wird.

Kühl bleiben

Viele Tiere haben sich so entwickelt, dass sie sich automatisch abkühlen, wenn es zu heiß wird. Andere müssen ihr Verhalten ändern und dürfen nicht mehr in die Sonne gehen, um die brütende Hitze zu meiden.

Die meisten Säugetiere haben besondere Schweißdrüsen, die anfangen zu arbeiten, wenn es heiß wird. Die Drüsen bedecken die Haut mit Feuchtigkeit, die dann verdunstet und so den Körper abkühlt.

Manche Säugetiere, wie Nagetiere und Opossums, wenden eine gänzlich andere Technik an. Sie produzieren Speichel im Mund und verteilen ihn mit der Zunge über ihren Pelz. Viele andere Tiere kühlen sich mit einem Bad in einem Teich oder Fluss ab.

Das Kamel kann in extremer Hitze leben und fast eine Woche lang ohne Wasser auskommen. Die langen Haare auf dem Kopf, an der Kehle, am Hals und am Höcker schützen es vor Sonnenbrand. Ein anderes Säugetier, das sich körperlich an extreme Hitze angepasst hat, ist der Fennek oder Wüstenfuchs. Er gibt über seine großen Ohren Körperwärme ab. Manche Schlangen und Eidechsen kühlen sich ab, indem sie das Maul weit aufsperren. Der Wüstenleguan hechelt mit heraushängender Zunge wie ein Hund.

Der Hund hat überhaupt keine Schweißdrüsen – außer unter den Pfoten. Er senkt seine Körpertemperatur, indem er das Maul öffnet und hechelt, sodass Feuchtigkeit aus seiner Lunge verdunsten kann und ihn abkühlt.

Um sich abzukühlen, spritzt sich der Elefant mit dem Rüssel Wasser über den Rücken, wälzt sich im kühlen, feuchten Schlamm und fächelt mit den großen Ohren, um die Temperatur des durch seinen Körper zirkulierenden Blutes zu senken.

41

Sommerinsekten

Die langen, heißen Sommertage sind erfüllt vom Summen und Brummen der Insekten. Überall sind sie unterwegs und ernähren sich von frischen Pflanzen. Manche fressen Blätter, Wurzeln, Samen und Saft, andere bevorzugen Nektar und Pollen, die in den Blüten versteckt sind.

Männliche Grashüpfer und Grillen zirpen im Sommer, indem sie zwei Teile ihres Körpers aneinander reiben. Das tun sie, um Weibchen anzulocken. Grashüpfer reiben ihre Beine, an denen sich eine Reihe kleiner Häkchen befindet, an ihren Vorderflügeln. Jede Grashüpferart macht ein anderes Geräusch. Grillen reiben den nach oben gerichteten Kratzer eines Vorderflügels an einer Reihe von 50 bis 250 Zähnen an der Unterseite des anderen entlang.

Es gibt etwa 1900 Arten von Leucht-käfern – oder Glühwürmchen – die in Sommernächten blinken und leuchten. Sie leuchten an der Unterseite des Körpers, und die Männchen blinken in bestimmten Rhythmen, um Weibchen anzulocken. Die Weibchen antworten darauf ebenfalls mit Lichtsignalen – Rhythmus und Abfolge der Licht-signale sind wie ein geheimer Code. Einige Arten haben leuchtende Larven, daher der Name Glühwürmchen.

Honigbienen sind im Sommer sehr emsig, wenn viele Blumen in voller Blüte stehen, und fliegen manchmal fast fünf Kilometer weit, um eine gute Nektarquelle zu finden. Ihre Lieblingsblumen sind meist blau oder violett, gefolgt von gelb und orange. Die Honigbienen besuchen Blüten und holen tief aus ihrem Innern mit ihrem langen Saugrüssel Nektar. Dabei bleibt Blütenstaub an ihren Hinterbeinen hängen. Sie fliegen mit ihrer wertvollen Fracht zurück zum Stock, wo sie als Futter für das ganze Bienenvolk genutzt wird. Der Pollen enthält Eiweiß, und aus dem Nektar stellen sie Honig her, der Kohlenhydrate liefert.

Das Bienenvolk ist eine streng durchorganisierte Gemeinschaft mit einer Königin, bis zu 500 Drohnen (Männchen) und 60 000 Arbeiterinnen (Weibchen), von denen jede ihre zugewiesenen Aufgaben hat. Wenn eine Kundschafterin eine gute neue Nektarquelle gefunden hat, teilt sie das den anderen Bienen mit Hilfe eines besonderen Tanzes mit, bei dem sie in Kreisen fliegt und mit dem Hinterkörper schwänzelt.

Im Sommer

Wir alle freuen uns auf den Sommer und wollen den Sonnenschein im Freien genießen. Aber die Sonnenstrahlen können zu dieser Jahreszeit auch sehr heiß sein. Unser Körper muss sich auf die Hitze einstellen.

Im Sommer sollte man die Sonne meiden, wenn sie hoch am Himmel steht. In südlichen Ländern halten die Menschen mittags, wenn es am heißesten ist, Siesta, ein Nickerchen.

Sonnenuhren zeigen an sonnigen Tagen die Zeit an. Der Schatten eines von der Sonne beschienenen Stabes bewegt sich langsam über ein Ziffernblatt, das nach Stunden eingeteilt ist.

Unser Körper hat einen eingebauten Thermostat – den Hypothalamus, die „Chefdrüse" des Gehirns, die unsere Körpertemperatur regelt. Wenn es heiß ist, bemerkt diese Drüse einen Anstieg der Bluttemperatur und sorgt dafür, dass das Blut schneller und näher an der Hautoberfläche fließt, damit es abkühlt. Der Hypothalamus kann auch ein weiteres natürliches Kühlsystem aktivieren: den Schweiß. Wenn wir schwitzen, verdunstet Feuchtigkeit auf unserer Haut, und dadurch kühlt unser Körper ab.

Aber im Sommer braucht der Körper noch mehr Hilfe. Man sollte regelmäßig viel Flüssigkeit trinken, damit man nicht austrocknet, und einen Sonnenhut tragen, um den Kopf zu schützen. Sonnenhüte gibt es in allen möglichen Formen und Größen, sie können aus Baumwolle, Segeltuch oder sogar Kokosnussblättern bestehen.

Im alten Ägypten, wo der Sonnengott Re verehrt wurde, fächelten Diener dem Pharao Tutanchamun mit Straußenfedern an langen, goldenen Stangen kühle Luft zu.

Um die Haut vor den schädlichen ultravioletten Strahlen der Sonne zu schützen, nimmt man ein Sonnenschutzmittel. Nicht nur Menschen brauchen diesen Schutz – oft reiben Bauern sogar ihre Schweine mit einer Sonnencreme ein! Am besten trägt man im Sommer weiße, weite Kleidung. Helle Kleidung reflektiert die Hitze, und weite Kleidung ist schön luftig und kühl.

Bevor in den 1920er-Jahren Kühlschränke und Gefriertruhen aufkamen, wurden mehrmals pro Woche Eisblöcke geliefert und in hölzernen Eisschränken als Kühlmittel benutzt.

Aber es gibt nicht nur schlechte Nachrichten – die Sonne ist auch unser wichtigster Lieferant von Vitamin D, das der Körper braucht, um knochenstärkendes Kalzium und Phosphor aufnehmen zu können. Und die Sonne fördert die Bildung von Hormonen, die glücklich machen!

Lange, sonnige Sommertage sind ideal zur Stromerzeugung mit Sonnenkollektoren auf Dächern. Sonnenkraftwerke und Solarzellen liefern umweltfreundlichen Strom.

Sommer auf dem Bauernhof

Im Sommer ist die Kraft der Sonne am stärksten und auf den Feldern stehen Getreide, Mais oder Sonnenblumen. Wenn es heiß und trocken ist, machen die Bauern aus dem duftenden Gras der Weiden Heu für das Vieh.

Sonnenblumen werden heute auf der ganzen Welt angebaut und sind wegen des aus ihren Samen gewonnenen Speiseöls eine wichtige Anbaupflanze. Sie stammen ursprünglich aus Nordamerika, wo die Ureinwohner aus ihren Samen Öl gewannen.

Sonnenblumen werden am Ende des Frühlings oder zu Beginn des Sommers gepflanzt. Sie wachsen sehr schnell, und wenn sie blühen, färben sie das ganze Feld leuchtend gelb. Ihre Wurzeln reichen tief in den Boden hinein und breiten sich weit aus, sodass sie gut Wasser finden und dadurch auch trockene Zeiten überstehen können. Zuerst zeigen ihre Köpfe morgens nach Osten, abends nach Westen – sie folgen täglich aufs Neue der Sonne auf ihrem Weg über den Himmel. Sobald die Blüten sich ganz geöffnet haben, weisen sie nach Osten. Die Samen sind jetzt dicht an dicht entwickelt, und die großen Blütenköpfe dienen hungrigen Vögeln als Futterplätze.

Erdbeeren brauchen die richtigen Wetterbedingungen und können bei einem späten Frost, bei zu viel Regen und zu wenig Sonne eingehen. Zu viel Sonne und zu wenig Regen kann ihnen ebenfalls schaden. Nach der Blüte der Erdbeerpflanze brauchen die Beeren etwa einen Monat zum Reifen. Im Juni, wenn die Ernte beginnt, hängen an den Pflanzen Beeren in allen Stadien des Reifungsprozesses – winzige grüne Beeren, große weiße Beeren und reife rote Beeren. Von jeder Pflanze werden zwei- bis dreimal pro Woche die reifen Beeren gepflückt – anders als andere Obstsorten reifen Erdbeeren nach dem Pflücken nicht weiter. Sie werden von Hand gepflückt, sortiert und verpackt und dann weltweit vermarktet. Manche Indianervölker feiern im Juni ein Erdbeer-Erntedankfest.

Sommerferien

An heißen Sommertagen ist es wunderbar am Strand zu spielen – im Badeanzug, mit Eimer und Schaufel und einem Wasserball. Und dort ist eine wahre Fundgrube: Man weiß nie, was sich im Sand alles findet.

Wenn die Flut kommt und geht, reinigt sie den Sand und macht ihn glänzend und neu – feuchter Sand ist ideal zum Buddeln und zum Bau von Sandburgen.

Wenn das Wasser sich zurückzieht, hinterlässt es alle möglichen interessanten Dinge – zum Beispiel von den Wellen geformtes Treibholz, glatt geschliffene Steine, Fischskelette und Seetang. Meist liegen auch Schalen in einer Vielfalt von Farben und Formen am Strand. Sie sind die leeren Gehäuse von Weichtieren. Es gibt zwei Arten von Schalen: Die zweiteiligen gehören zu Muscheln und sind paarweise mit einem Scharnier verbunden. Die einteiligen, oft gewundenen Schalen sind die Gehäuse von Schnecken.

Seetange sind Algen, die im Meer leben. Es gibt sie in drei Farben – Rot, Braun und Grün – und vielen verschiedenen Arten. Zuckertang wird auch der „Wetterfrosch des kleinen Mannes" genannt, weil er, wenn Regen kommt, weich wird und bei Trockenheit spröde. Wenn er trocknet, wird er von einer süßen, weißen Substanz bedeckt – daher der Name „Zuckertang".

Surfer reisen mit ihren Brettern durch die ganze Welt, immer auf der Suche nach der „perfekten Welle". Viele zieht es in den Pazifik nach Hawaii, wo die Polynesier vor vielen Jahrhunderten das Surfen erfanden. Sie nannten es Wellenreiten („he´e nalu"). Die Könige von Hawaii hatten die besten Bretter, die „olos" genannt wurden. Sie bestanden aus dem leichten Holz des Wili-Wili-Baums und konnten bis zu sieben Meter lang sein. Heute werden die Bretter aus geschäumtem Kunststoff und Glasfasern hergestellt und sind selbst für geübte Surfer nur zwei Meter lang.

Sommersportarten

Herrliche Sommertage mit den zusätzlichen Sonnenstunden sind wunderbar geeignet für alle möglichen Sportarten im Freien – egal, ob man selbst Sport treibt oder seine Lieblingsmannschaft anfeuert.

Die Amerikanerin Venus Williams (oben) begann mit vier Jahren Tennis zu spielen. Sie hat bisher zwei der vier großen Grand-Slam-Turniere gewonnen: Wimbledon (England) 2000 und 2001 und die US Open im Jahr 2000. Die anderen Turniere finden in Frankreich und Australien statt.

In England wird schon seit 300 Jahren Kricket gespielt. Die Regeln, die zum ersten Mal 1788 aufgestellt wurden, haben sich seitdem kaum verändert. Shaun Pollock (oben), der Kapitän der südafrikanischen Kricket-Mannschaft, ist heute einer der besten Allround-Spieler.

Baseball hat seine Wurzeln im deutschen Schlagballspiel und im englischen Kricket. Baseball wird zwar in über 120 Ländern auf der ganzen Welt gespielt, darunter auch Japan und Australien, gilt aber in den USA als Nationalsport. Die Baseball-Saison der ersten Liga dauert von Anfang April bis zur ersten Oktoberwoche.

Das erste offizielle Baseballspiel fand im Herbst 1845 zwischen den Knickerbockers und den New York Nine in Hoboken, New Jersey, statt. 1869 wurde das Spiel zu einer Profi-Sportart. Heute gibt es in den USA und Kanada 30 Baseball-Mannschaften der ersten Liga, die in zwei Berufsspieler-Ligen (National League und American League) aufgeteilt ist. Seit 1903 tragen die Sieger der beiden Berufsspieler-Ligen in jeder Saison eine WM (World Series) aus, bei der die Mannschaft siegt, die zuerst vier von höchstens sieben Spielen gewinnt. Als olympische Disziplin wurde Baseball zum ersten Mal 1992 in Barcelona gespielt. Bei der Olympiade in Sydney im Jahre 2000, als Profis teilnehmen durften, gewannen die Vereinigten Staaten gegen Kuba und holten die Goldmedaille.

Baseballhandschuhe bestehen aus gepolstertem Leder. Der Handschuh des Catchers (Fängers) ist der größte und schwerste und überall dick gepolstert – nur nicht in der Mitte der Handfläche, wo der Ball landet.

Mittsommernacht

Die Sommersonnenwende ist der längste Tag und die kürzeste Nacht des Jahres. Auf der Nordhalbkugel fällt sie auf den 21. oder 22. Juni, auf der Südhalbkugel auf den 21. oder 22. Dezember. Im hohen Norden wie in Alaska und Nordskandinavien geht die Sonne in dieser Jahreszeit kaum unter.

In verschiedenen Teilen Alaskas werden in der dritten Juniwoche Mittsommernachtsfeste gefeiert. Dann finden um Mitternacht Baseballspiele, Fußballturniere und Marathonläufe statt, für die kein künstliches Licht benötigt wird. In der Stadt Nome im äußersten Nordwesten des Landes, nur 164 Kilometer südlich des Polarkreises, finden besondere Feierlichkeiten statt. Am längsten Tag des Jahres gibt es 22 Stunden lang direktes Sonnenlicht, und nachts berührt die Sonne den Horizont nur, geht aber nicht unter. Niemand schläft viel – dafür ist noch im langen, dunklen Winter genügend Zeit. Zum Festprogramm in Nome gehören ein prächtiger Umzug zur Mitternachtssonne und ein Floßrennen auf dem Fluss Nome (rechts).

O-Bon ist ein japanisches Fest, das Mitte Juli oder im August eine Woche lang gefeiert wird. Zu dieser Zeit, glaubt man, kehren die Seelen der verstorbenen Ahnen nach Hause zurück. Das Fest hat verschiedene Namen, darunter auch „Fest der Toten". Die Familien reinigen die Gräber ihrer Vorfahren und die Hausaltäre und schmücken sie mit Blumen. Sie bringen auch Gemüse, Obst und Reiswein dar, um die Geister zu erfreuen. In der Woche werden rote Laternen aufgehängt, um den Seelen den Weg zu weisen. Zu den Feierlichkeiten gehören auch nächtliche Feuerwerke.

Traditionell ist der Mittsommer, wenn die Sonne ihren höchsten Stand erreicht, auch in nordeuropäischen Ländern eine Zeit großer Feste und Feiern. Über die Jahrhunderte haben sich im Zusammenhang damit viele Bräuche entwickelt, die meistens mit dem Entzünden großer Feuer verbunden sind. Die Feuer sollen vermutlich die Sonne darstellen. Die Menschen tanzen um die Feuer und springen sogar hindurch!

Opernfestival in Verona

Vor zweitausend Jahren feuerten
die Massen im römischen Amphitheater von Verona in Italien
ihren Lieblingsgladiator im
Kampf um sein Leben an.
Heute strömt das Publikum
jeden Sommer in die
Arena, um die Musik
des Opernfestivals
zu genießen.

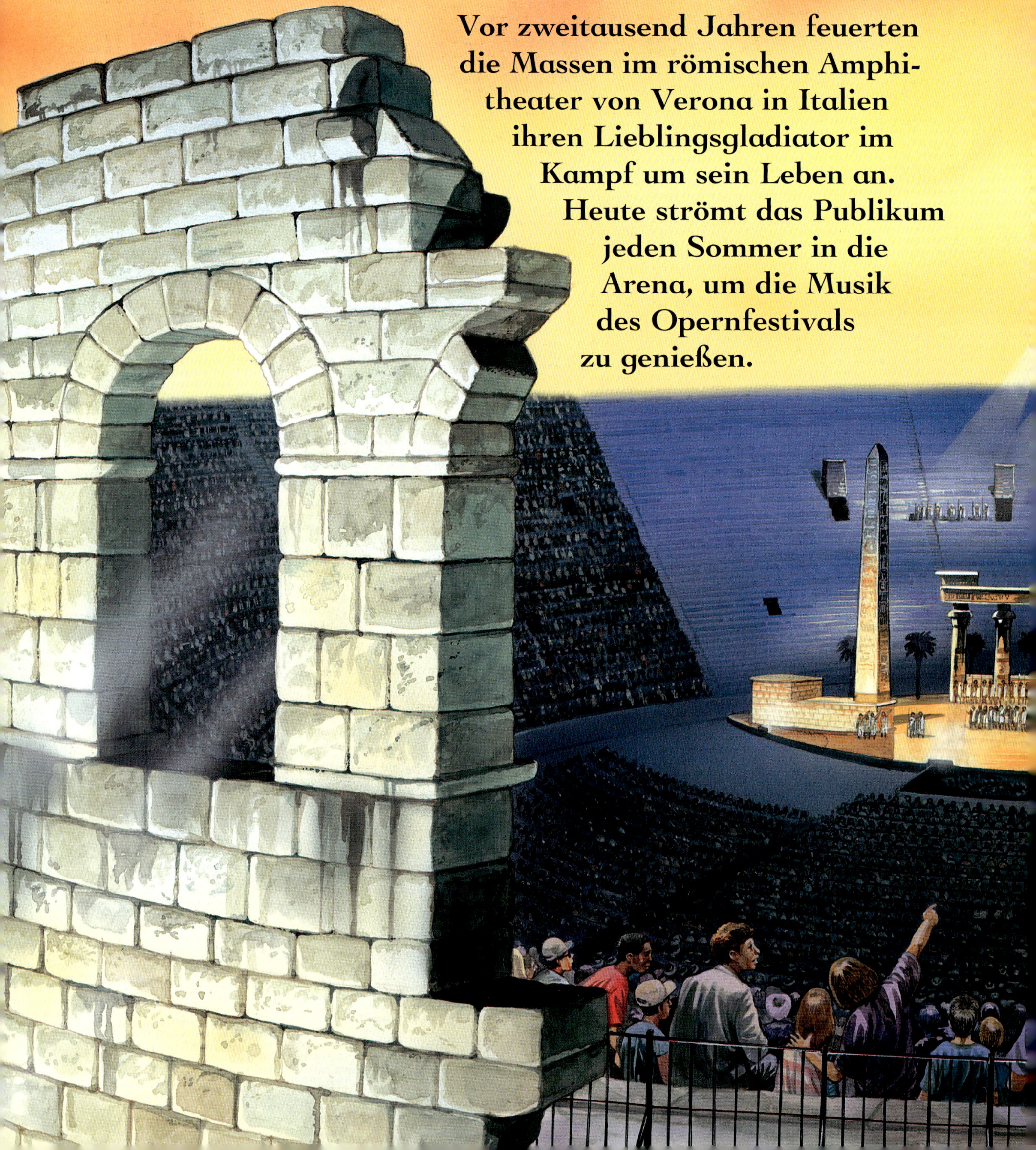

Jedes Jahr im Sommer reisen mehr als 500 000 Besucher zu den Opernfestspielen in die historische Stadt Verona. In der Saison finden jeden Abend unter dem Sternenhimmel in der großen Arena, in der 15 000 Menschen Platz haben, prunkvolle Aufführungen statt.

Die Arena wurde unter Kaiser Augustus im ersten Jahrhundert nach Christus für damals 30 000 Zuschauer gebaut. Zu dieser Zeit war sie das drittgrößte Amphitheater der Welt. Sie ist erstaunlich gut erhalten; nur ein Großteil des äußersten Zuschauerrings fiel einem Erdbeben, das die Stadt im Jahr 1117 zerstörte, zum Opfer. Im Laufe der Jahre war die Arena die Kulisse für die unterschiedlichsten Veranstaltungen – blutrünstige Gladiatorenkämpfe, die zu römischer Zeit so beliebt waren, ebenso wie Ritterturniere und Schauspiele. Seit 1913 werden hier die Opernfestspiele, aber auch Ballettaufführungen sowie Jazz-, Rock- und Popkonzerte abgehalten.

Wenn die Zuschauer zu den allabendlichen Opernaufführungen in die Arena strömen, können sie an den Eingängen Wunderkerzen kaufen. Bei den ersten Klängen der Opernmusik funkeln dann Tausende von Lichtern in der Dämmerung.

Jeden Sommer wird in Kandy in Sri Lanka das Festival Esala Perahera zu Ehren eines Zahnes gefeiert, der von Buddha stammen soll. Er wird die „Reliquie" genannt und in einem goldenen Schrein im Dalada Maligawa, dem „Zahntempel" aufbewahrt. Am letzten Abend des Festivals wird eine Kopie der Reliquie unter einem von Glühbirnen erleuchteten Baldachin durch die Straßen getragen. Ein Elefant, der Leitbulle von 100 Elefanten, trägt sie auf dem Rücken.

HERBST

Der Herbst ist der Wendepunkt im Jahres-
ablauf, an dem die Sommerhitze nachlässt
und vergeht. Die Ernte wird eingebracht, das
Obst gepflückt und für den Winter gelagert.
Auch die Tiere sammeln Vorräte und horten
sie für die bevorstehenden Monate. Die
Blätter an den Bäumen verfärben sich,
fallen ab und wirbeln mit den stürmischen
Herbstwinden durch die Luft.

Herbstwinde

Der Herbst ist für sein regnerisches Wetter und die heftigen Stürme berühmt. Sie pusten die Blätter von den Bäumen und jagen die Wolken über den Himmel. Schon seit alters her haben die Menschen die Kraft des Windes genutzt.

Wind ist sich bewegende Luft und wird verursacht durch die ungleichmäßige Erwärmung der Erdoberfläche durch die Sonne und den unterschiedlich hohen Luftdruck. Weil sich die Erde um ihre eigene Achse dreht, bewegt sich auch die Luft um den Globus – aber sie strömt nicht geradlinig, sondern in einer Kurve. Man nennt das die Coriolis-Kraft. Luft, die von den Polen zum Äquator fließt, beschreibt eine Rechtskurve; Luft, die vom Äquator zu den Polen strömt, bewegt sich in einer Linkskurve.

Bereits vor über 5000 Jahren nutzten die Ägypter den Wind, um auf dem Nil zu segeln. Die Perser kannten schon um 700 n. Chr. Windmühlen zum Getreidemahlen. Heute wird immer mehr Strom in Windparks gewonnen. Die Windräder sind manchmal so hoch wie zehnstöckige Gebäude. Sie haben riesige, bis zu 18 m breite Propeller, die sich im Wind drehen. Die Windräder müssen hoch und breit sein, um viel Wind einfangen zu können.

Es gibt zwei verschiedene Arten Windräder – eine mit horizontaler Achse, die andere mit vertikaler Achse. Die Windräder arbeiten nur, wenn der Wind mit einer Geschwindigkeit von mindestens 22,5 Stundenkilometern weht, was zu etwa 25 Prozent der Zeit der Fall ist. Wenn der Wind noch stärker ist, wird zusätzliche Energie gewonnen und in besonderen Batterien gespeichert.

Wind ist eine saubere, erneuerbare Energiequelle. Sie verbraucht keine wertvollen Rohstoffe und ist unerschöpflich – solange die Sonne scheint.

Oft ist es sehr wichtig, die Windverhältnisse zu kennen – vor allem, wenn man mit einem Boot segeln oder ein Flugzeug fliegen möchte. Die Richtung, aus der der Wind kommt, wird von Wetterfahnen angezeigt. Sie sehen meist aus wie ein Pfeil mit Buchstaben, die die Windrichtung anzeigen – zum Beispiel O für Osten. Die Windgeschwindigkeit wird von einem sich drehenden Anemometer gemessen. Die gängigste Art sieht aus wie eine kleine Windmühle, mit vier Schalen, die an einem Stab befestigt sind (links). Die Windgeschwindigkeit wird für Schiffe und Flugzeuge in „Knoten" gemessen, wobei ein Knoten 1,85 km/h entspricht. Die Beaufortskala von 1805 gibt die Windgeschwindigkeit in „Windstärken" zwischen 0 (ruhig) und 12 (Hurrikan) an.

Herbstfarben

Wenn die Sommerhitze vergeht, kämpft die Natur gegen die herbstliche Kühle und legt in den Wäldern ein prächtig gefärbtes Herbstkleid an. Bäume werden kupferrot, während Nüsse, Beeren und Pilze reifen und Blumen wie die violette Herbstzeitlose blühen.

Den Ginkgobaum gibt es seit fast 300 Millionen Jahren. Seine fächer-förmigen Blätter werden im Herbst gelb. Aus seinen Blättern und Samen werden Wirkstoffe zur Behandlung von Gedächt-nisverlust und Schwindel gewonnen.

Bäume, die im Herbst ihre Blätter abwerfen, nennt man Laubbäume. Ihre Blätter enthalten einen grünen Farbstoff, das Chlorophyll, das mit Hilfe von Sonnenlicht aus Luft und Wasser Nahrung für den Baum herstellt. Wenn die Wärme der Sonne im Herbst nachlässt, verlieren die Blätter ihre grüne Farbe und fallen ab, und die Bäume bereiten sich auf die Winterruhe vor.

Der auffallend rote stink-morchelartige Pilz *Aseroe rubra* wächst im Herbst in Australien. Er verströmt einen kadaverartigen Geruch, der Aasfliegen anlockt. Die Fliegen verbreiten die Sporen des Pilzes, die sie mit dem Kot ausscheiden. Auf diese Weise pflanzt er sich fort.

Der Rotahorn bietet im Herbst einen präch-tigen Anblick. Die Blätter färben sich von Orange bis Dunkelrot, weil die kürzer werdenden Tage chemische Verände-rungen im Baum bewirken. Ahornbäume, die sich rot verfärben, sind meist männ-lich, wogegen die weibli-chen eher eine goldgelbe Färbung annehmen. Auch die Boden-beschaffenheit beeinflusst die Farbe des Herbstlaubs — je saurer der Boden, desto dunkler der Rotton.

Nadelbäume wie Kiefern oder Tannen verlieren ihre Blätter im Herbst nicht. Kiefern wer-fen schuppige Zapfen ab. Die Schuppen öffnen sich und geben die Samen frei, wenn es warm und trocken ist, und schließen sich, wenn es feucht oder nass ist – so können die Zapfen das Wetter vorhersagen.

Tiere im Herbst

Im Herbst bereiten sich die Tiere auf den nahenden Winter vor. Sie legen Vorräte an, solange es noch genug Futter gibt, und bauen sich gemütliche Nester und Verstecke, wo sie im Winter Wärme und Schutz finden.

Grauhörnchen fressen je nach Jahreszeit die unterschiedlichste Nahrung. Im Herbst besteht sie hauptsächlich aus Nüssen, Samen, Eicheln und Beeren.

Wie viele andere Tiere fressen Hörnchen in dieser Jahreszeit so viel wie möglich, um Gewicht zuzulegen – Fettschichten, von denen sie im Winter zehren. Sie sammeln auch Vorräte, die sie im Boden vergraben und später fressen, wenn das Futter knapp wird. Sie finden diese geheimen Vorratslager dank ihres hoch entwickelten Geruchssinns noch Monate später wieder. Gelegentlich gerät ein solches Versteck in Vergessenheit, dann keimen die Nüsse und bilden neue Baumgruppen. Eichhörnchen nisten sich manchmal in Löchern oder Hohlräumen in Baumstämmen ein, aber sie bauen auch oft große Nester aus Blättern und Zweigen hoch oben in den Baumkronen. Diese so genannten Kobel sieht man im Winter im kahlen Geäst der Bäume.

Viele Tiere, die Winterschlaf halten, bereiten ihre Nester schon im Herbst vor. Igel bauen ihr großes Nest an einem geschützten Platz, wo sie sich für vier oder fünf Monate eng einrollen. Das Nest kann unter Blättern, einem alten Komposthaufen oder in einer Baumwurzel liegen.

Jedes Jahr im Herbst sammeln sich Millionen von Monarchfaltern im Süden Kanadas, um Tausende von Kilometern nach Süden bis nach Mittelamerika zu fliegen.

Der Fuchs hat einen gelbbraunen Pelz, große Ohren und einen langen, buschigen Schwanz. Im Winter wird sein Fell dichter, um ihn vor der Kälte zu schützen.

Eichelhäher pflücken Eicheln von den Bäumen. Sie tragen sie im Schnabel fort und vergraben sie im Boden. Im Winter kehren sie zu ihren Vorratsverstecken zurück.

Dachse legen ihren Bau mit feuchten Blättern aus, die Wärme abgeben, und versperren den Eingang, damit Kälte und Feinde nicht eindringen können.

Herbst auf dem Bauernhof

Der Herbst ist in den meisten Ländern die Erntezeit; auf dem Bauernhof herrscht jetzt emsiges Leben, das Getreide und andere Feldfrüchte müssen eingebracht werden. Die Bauern beobachten den Himmel und hoffen in diesen Wochen auf gutes Wetter.

Nach den langen Tagen der Sommersonne sind Mais, Weizen, Hafer und Gerste auf den Feldern reif. Riesige Maschinen, so genannte Mähdrescher, arbeiten Tag und Nacht, mähen das Getreide und fahren vor dem Wetterumbruch die Ernte ein.

Auch die Bäume auf den Apfelplantagen hängen voller Früchte. Sie werden so schnell wie möglich von Hand gepflückt, bevor sie zu reif werden. Obwohl ihr Fruchtfleisch fest ist, bekommen die Äpfel schnell braune Flecken, daher müssen sie sehr vorsichtig behandelt werden. Sie werden einzeln in den Korb gelegt, bevor sie in größere Behälter kommen. Die Äpfel werden gewaschen, sortiert und verpackt, und dann werden einige auf den Markt gebracht, andere werden kühl gelagert und später verkauft – oder es wird Apfelsaft oder Apfelwein daraus gemacht. Es gibt Tausende verschiedene Apfelsorten, jede mit ihrem typischen Geschmack und anderer Festigkeit des Fleisches.

Im Herbst ist der Weinberg üppig und grün und die Weinstöcke tragen schwere Reben mit süßen, saftigen Trauben, die jetzt gepflückt werden müssen. Wenn die Trauben reifen, wird ihre Säure und ihr Zuckergehalt kontrolliert. In allen großen Weinanbaugebieten der Welt – darunter Frankreich, Australien, Kalifornien und Südafrika – ist die Ernte, oder Weinlese, das große Ereignis des Jahres. In vielen europäischen Weinbergen werden die Trauben noch von Hand gepflückt, aber es werden inzwischen auch immer mehr Maschinen eingesetzt.

Der Herbst und wir

Die Blätter sind
normalerweise nicht
mehr grün, sondern
bereits braun geworden,
wenn sie von den Bäumen
fallen. Sie haben alle Feuchtigkeit
verloren, sind trocken und
rascheln unter den Füßen.

Der Herbst ist die Zeit, in der wir im Garten die Blätter zusammenharken, Lagerfeuer entzünden und Kastanien und Pilze sammeln. Die Tage werden zwar kürzer, aber das Wetter kann vor dem Einsetzen des Winters herrlich sein.

Um die Mitte des Herbstes sind die Blätter überallhin gefallen, bedecken wie ein Teppich Rasen und Wege und verstopfen Regenrinnen. Auf dem Land häufen die Menschen sie auf und machen große Lagerfeuer, von denen mehrere Tage lang Rauch aufsteigt. Es muss immer ein Erwachsener dabei sein, der das Feuer an einem sicheren, freien und offenen Platz entzündet.

Der Herbst ist auch die Zeit der Kastanien, in der sich die stacheligen, grünen Kapseln, die von den Kastanienbäumen fallen, öffnen und die glänzenden, braunen Samen freigeben. In Großbritannien spielen die Kinder damit „Conkers": Zwei Spieler versuchen, die Kastanie des Gegners (die an einem Faden hängt) zu zerschlagen, indem sie sie abwechselnd gegeneinander schwingen. Auch Erwachsene spielen dieses Spiel: Jedes Jahr im Oktober finden auf der Dorfwiese von Ashton in Northamptonshire in England die Conkers-Weltmeisterschaften statt, an der mehrere Hundert Mitspieler aus aller Welt teilnehmen.

In dieser Jahreszeit gibt es im Garten eine Menge zu tun, um ihn auf den Winter vorzubereiten. Pflanzen müssen zurückgeschnitten und gepflegt werden, und aus Pflanzenresten kann Mulch als Dünger für das kommende Jahr hergestellt werden. Zwiebeln werden jetzt gesetzt, damit sie im Frühjahr blühen, und der Rasen muss ein letztes Mal gemäht werden. Auch die Vögel bereiten sich auf den Winter vor; man kann ihnen ein wenig Futter, wie Nüsse und Samen, auslegen.

Wenn ein Lagerfeuer niedergebrannt ist, nutzen Gärtner die nährstoffreiche Asche, um damit den Boden um ihre Pflanzen zu düngen.

Kastanien, die Früchte des Kastanienbaums, werden von Wild und Schweinen gefressen. Früher wurden sie gemahlen und an Schafe verfüttert.

Pilze wachsen zu Beginn des Herbstes im Wald, auf dem Feld, auf Wiesen und in Gärten. Manche schmecken sehr gut, andere sind giftig.

Die nordamerikanischen Indianer vermischten getrocknete Brombeeren und Bisonfleisch zu Pemmikan, einer haltbaren Fleischkonserve.

In der Luft

An Herbsttagen kann man wunderbar Drachen steigen lassen. Sie segeln am Himmel, als ob sie ein eigenes Leben hätten, und tanzen am Ende einer langen dünnen Leine.

Ein Drachen besteht im Prinzip aus zwei Stäben und hat die Form einer Raute. Er hängt an einer Schnur und hat einen meist sehr langen Schwanz.

Manche Drachen sind fantasievoll gestaltet und farbenfroh. Sie sehen aus wie prächtige Vögel oder schöne Insekten, die durch die Lüfte fliegen.

Lenkdrachen haben zwei oder mehr Schnüre mit Griffen, sodass man sie in der Luft lenken und besondere Flugfiguren vollführen lassen kann.

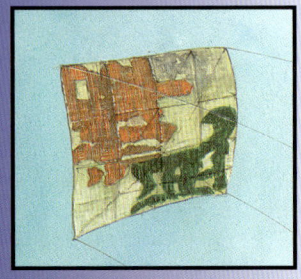

Der Riesendrachen von Sagami in Japan ist 14,40 m hoch und breit und wiegt etwa 880 Kilo. Neunzig Personen sind nötig, um ihn steigen zu lassen.

Man weiß nicht genau, wann Drachen erfunden wurden, aber es gibt sie schon seit über 2 000 Jahren. Im Laufe der Jahrhunderte sind sie auf unterschiedliche – und manchmal auch erstaunliche – Weise eingesetzt worden.

In Neuseeland ließen die Maori Drachen in der Form von Vögeln steigen, um den Göttern Botschaften zu senden. Geschichten aus dem alten China erzählen von Heldentaten in Kriegszeiten, als Soldaten von großen Drachen in die Luft gehoben wurden, um feindliches Gebiet auszukundschaften. Andere Legenden berichten von Drachen, an denen Pfeifen befestigt waren, die durch die Nacht schrillten, um den Feind in Angst und Schrecken zu versetzen. Die Gebrüder Wright benutzten Drachen, um ihre Theorien für die erste Flugmaschine zu testen. In neuerer Zeit werden Messgeräte der Meteorologen an einem Drachen in die Höhe getragen, um so mehr über das Wetter auf der Erde zu erfahren.

Drachen gibt es in allen möglichen verschiedenen Formen und Größen, und stets in den neuesten High-Tech-Materialien, die leicht und stabil sind. Drei-, viereckige und diamantenförmige Drachen fliegen am besten bei schwachem oder mäßigem Wind, Kastendrachen fliegen besser bei starkem Wind.

Erntedankfest

Das Erntedankfest am vierten Donnerstag im November ist das größte Fest des Jahres in den USA. Im ganzen Land sitzen die Familien beisammen und genießen ein traditionelles Erntedank-Festmahl.

Die Geschichte des Erntedankfests, das heute ein National-feiertag ist, reicht zurück bis zur ersten Ernte der Pilgerväter 1621. Nach einem ersten harten Winter in der Neuen Welt wandten sich die Siedler Hilfe suchend an die benachbarten Indianerstämme, die ihnen zeigten, wie man Mais und andere einheimische Pflanzen anbaut. Die reiche Ernte des nächsten Herbstes veranlasste die Pilgerväter, ein Erntedankfest zu feiern.

Lichterfeste, mit denen die Ankunft des Winters begangen wird, gibt es in vielen Kulturen auf der ganzen Welt. Das Hindufest Divali (Deepavali) dauert fünf Tage und ist nach den Tonlämpchen, den Divas, benannt, die nach Sonnenuntergang in allen Häusern entzündet werden. Es gibt viele Bräuche an diesen Tagen, wie das Herausputzen des Viehs und rituelle Bäder.

1817 übernahm der Staat New York das Erntedankfest als jährliche Tradition, und Mitte des 19. Jahrhunderts feierten bereits viele andere Staaten ebenfalls einen Erntedanktag. Auch in Deutschland und anderen Ländern Europas wird ein Erntedankfest seit etwa 1770 als kirchliches Fest am ersten Sonntag im Oktober gefeiert. In der Kirche schmücken Erntegaben den Altar, die anschließend verschenkt werden.

Bei einem typischen Festmahl zum Erntedankfest gibt es gebratenen Truthahn, Preiselbeersoße, Süßkartoffeln, Maiskolben und Kürbiskuchen. Die Pilgerväter, die von den Indianern gelernt hatten, wilde Puten zu fangen und ihnen bisher unbekanntes Getreide anzubauen, haben vermutlich ein ähnliches Festmahl genossen.

Chinesisches Mondfest

Chinesische Gemeinden auf der ganzen Welt feiern am 15. Tag des achten Monats im chinesischen Kalender das Mondfest. Weil der chinesische Kalender sich nach dem Mond richtet, ist das Datum nicht immer das gleiche, aber das Fest liegt meistens im September oder Oktober des westlichen Kalenders.

Mit dem Mondfest feiern die Chinesen den Erntemond, der jetzt am hellsten und vollsten ist und wie eine überdimensionale Scheibe am Herbsthimmel hängt. Sie danken traditionell dafür, dass die Ernte eingebracht und die harte Erntearbeit wieder für ein Jahr geschafft ist.

Die Familie und Freunde genießen ein besonderes Festessen und schmücken ihre Häuser mit bunten Laternen, die oft Tiere darstellen. Sie bewundern den prächtigen Mond – jedenfalls wenn die Nacht klar und wolkenlos ist – und gedenken der Mondgöttin Chang-O, die vor langer Zeit zum Mond geschwebt sein soll, nachdem sie den Trank der Unsterblichkeit zu sich genommen hatte. Die Altäre für das Mondfest werden mit runden Früchten geschmückt, zum Beispiel mit Äpfeln, Pfirsichen und kleinen Melonen, die sowohl den Mond als auch das Zusammensein der Familie symbolisieren. Dazu gibt es kleine, runde „Mondkuchen". Jeweils 13 Stück werden aufeinander gestapelt, was auf die 13 Mond-Monate des chinesischen Kalenders anspielt.

Halloween war früher in Irland und England als die „Nacht der Toten" bekannt. Man glaubte, dass am Vorabend zu Allerheiligen (1. November) die Seelen der Toten zurückkämen und Hexen und böse Geister unterwegs seien. Heute ist es Tradition, sich an Halloween gegenseitig Streiche zu spielen. Die Kinder verkleiden sich als Gespenster, Hexen oder Kobolde, klingeln an den Türen und bitten bei Einbruch der Dunkelheit mit dem Spiel „Gabe oder Streich" um Süßigkeiten. Wer zu geizig ist, der wird mit Eiern und Tomaten beworfen oder Opfer anderer derber Streiche. Meist nehmen die Kinder ausgehöhlte Kürbisse mit eingeschnittenen Dämonenfratzen als Laternen mit.

WINTER

Der Winter bringt Frost und Schnee, und die Temperaturen können unter den Gefrierpunkt fallen. Die Sonne ist jetzt blass und steht tief am Himmel, ihre Strahlen haben keine Kraft mehr. Manche Tiere rollen sich ein und schlafen die Wintermonate über, geschützt in ihren unterirdischen Bauen. Andere wandern über weite Strecken bis in wärmere Gegenden.

Winterkälte

Im Winter steht die blasse Sonne niedrig am Himmel, und ihre Strahlen spenden weniger Wärme. Wenn die Temperaturen fallen, kann das Wetter sich dramatisch verändern: es gibt heftige Schneefälle, Schneeregen und Hagel.

In den Wintermonaten sind die Tage kurz und kalt und die Nächte lang und dunkel. Mit der Wintersonnenwende ist am 21. oder 22. Dezember auf der Nordhalbkugel und am 21. oder 22. Juni auf der Südhalbkugel der kürzeste Tag des ganzen Jahres.

Das Rentier – oder Karibu – hat ein warmes Fell gegen die Kälte und gespreizte Hufe, mit denen es im Schnee nicht einsinkt.

Raubvögel, zum Beispiel Bussarde, sind geschickte Jäger, aber wenn Schnee den Boden bedeckt, wird die Beute knapp.

Wenn die Temperatur unter dem Gefrierpunkt liegt, bildet herabtropfendes und wieder gefrierendes Wasser Eiszapfen.

Die harten, kräftigen Nadeln von Kiefern und Tannen überstehen auch den härtesten Winter und den dicksten Schnee.

Kleine Vögel wie der Zaunkönig sind durch ihre Federn vor der Kälte geschützt, aber oft leiden sie im Winter Hunger.

Orkanartige Winde können die Schneemassen meterhoch zu schönen, aber oft gefährlichen Schneeverwehungen auftürmen.

Wenn es sehr kalt ist, gefrieren kleinste Wassertröpfchen in den Wolken und bilden winzige Eiskristalle. Sie verbinden sich miteinander zu zarten und vielfältigen Schneeflocken. Jede Schneeflocke besteht aus mindestens fünfzig Eiskristallen. Und obwohl alle Schneeflocken sechs Seiten oder sechs Ecken haben, gleichen sich nie zwei Flocken haargenau. Die Form der Kristalle hängt von der Lufttemperatur ab.

Im tiefsten Winter, wenn die Temperatur unter 0° Celsius fällt, können Teiche, Seen, Flüsse und Bäche zufrieren. Auf dem Meer bildet sich wegen des hohen Salzgehalts erst bei –2°Celsius Eis.

Winterschlaf

Manche Tiere, zum Beispiel Eichhörnchen, Spitzmäuse und Füchse, sind auch im Winter aktiv – solange sie Nahrung finden. Andere, wie Bären, Fledermäuse, Hamster, Igel und Dachse überstehen die kalten Monate im Winterschlaf.

Der Winterschlaf ist ein schlafähnlicher Ruhezustand, in den viele Tiere verfallen, um durch den Winter zu kommen, wenn das Futter knapp wird.

Der richtige Winterschlaf dauert meist monatelang. Während dieser Zeit fällt die Körpertemperatur auf etwa 5° Celsius, und Herzschlag und Atmung verlangsamen sich. So wird nur sehr wenig Energie verbraucht. Das Tier bereitet sich im Herbst auf den Winterschlaf vor, indem es sehr viel frisst und Körperfett aufbaut, um im Winter davon zu zehren.

Igel, Siebenschläfer, Fledermäuse und Hamster gehören zu den echten Winterschläfern. Sie schlafen so tief, dass sie fast nicht aufgeweckt werden können. Nur gelegentlich steigt ihre Körpertemperatur auf normale Höhe und sie wachen auf. Sie sind meist etwa einen Tag lang aktiv und setzen dann ihren Tiefschlaf fort. Wenn sie schlafen, sind sie völlig wehrlos und können sich nicht verteidigen. Deswegen müssen sie sich einen sehr sicheren Ort zum Überwintern suchen, an dem sie vor hungrigen Raubtieren geschützt sind.

Bären schlafen im Jahr zwischen drei und sieben Monate ab Beginn des Winters. Während dieser Zeit fressen sie nicht, trinken nicht, setzen auch keinen Urin und Kot ab – und verlieren so ein Viertel ihres Gewichts.

Die Haselmaus baut in einer Erdhöhle ihr Nest aus Blättern und Moos und hält bis zu acht Monate im Jahr Winterschlaf. Sie spart Energie, indem sie sich einrollt. Alle paar Wochen wacht sie auf und frisst ein wenig.

Backenhörnchen horten in ihrem Bau einen großen Vorrat an Samen, um über den Winter zu kommen. Sie wachen gelegentlich auf, fressen ein bisschen und schlafen dann weiter.

Manche Tiere, wie Waschbären, Dachse und Murmeltiere, sind keine echten Winterschläfer, sondern halten nur eine nicht allzu tiefe Winterruhe. Die Körpertemperatur sinkt geringfügig, und Herztätigkeit und Atmung werden etwas langsamer.

Frösche verbringen den Winter ebenfalls in einem schlafähnlichen Zustand. Sie graben sich in den Schlamm am Grunde eines Sees oder Teichs ein (unten), um es so warm wie möglich zu haben, und nehmen durch die Haut Sauerstoff aus dem Wasser auf. Manche Frösche frieren ein, und ihre Herzen hören auf zu schlagen. Aber im Frühjahr tauen sie wieder auf – die lebenswichtigen Organe werden von großen Mengen Glukose geschützt, die wie Frostschutzmittel wirkt.

Im Sommer graben amerikanische Dachse (oben, mit einem Backenhörnchen und einem Murmeltier) viele Höhlen und Baue. Im Winter benutzen sie aber nur eine davon, in der sie sich zusammenrollen und in einer Art Halbschlaf überwintern. An wärmeren Wintertagen sind sie manchmal aktiv und verlassen ihren Bau, um Nahrung zu suchen.

Tierwanderungen

Viele Säugetiere, Vögel und Fische unternehmen jahreszeitliche Wanderungen. Wenn es Winter wird, verlassen sie die kalten Regionen, in denen sie im Sommer ihre Jungen bekommen, und ziehen in wärmere Gegenden, wo sie Nahrung finden.

Jedes Jahr machen Tiere unterschiedlichster Arten und Größen – zum Beispiel Wale, Schmetterlinge, Gänse und Gnus – sich auf die Wanderschaft zwischen ihren Sommer- und Winterquartieren. Jahr für Jahr und Generation für Generation ziehen sie auf den gleichen Wegen.

Einige Tiere wandern nicht weit, vielleicht nur ein paar hundert Kilometer, andere legen unglaublich große Entfernungen zurück. Den Rekord hält die Küstenseeschwalbe, die jedes Jahr 16 000 Kilometer vom Nordpol zum Südpol und wieder zurück fliegt.

Vögel ziehen meist in großen Schwärmen. Sie orientieren sich nach der Sonne und den Sternen und an besonderen landschaftlichen Kennzeichen wie Küstenlinien, Flüssen und Gebirgszügen. Möglicherweise benutzen sie außerdem das Magnetfeld der Erde zur Orientierung. In Nordamerika fliegen die Vögel meist auf vier großen Zugstraßen in Nord-Süd-Richtung. In Europa verlaufen die Zugstrecken eher in Ost-West-Richtung. Aber wohin auch die Reise geht, für einen guten Flug brauchen Zugvögel Rückenwind, sonnige Tage und sternenklare Nächte.

In den weiten Ebenen von Ostafrika wandern Weißschwanzgnus in riesigen Herden auf der Suche nach Gras und Wasser jedes Jahr fast 3000 Kilometer. Sie müssen mindestens jeden zweiten Tag trinken und brauchen daher immer eine Wasserquelle in ihrer Nähe. In der Regenzeit erreichen mehr als 1,4 Millionen Gnus das Grasland der südlichen Serengeti, wo es viel Nahrung und Wasser gibt.

Ringelgänse fliegen in langen, ungeordneten Reihen. Sie verlassen ihre Brutgebiete in der Arktis und ziehen nach Süden, an die Küsten des Atlantiks und des Pazifiks, wo sie sich den ganzen Winter über von dem Seegras Zostera ernähren. Sie fliegen sehr schnell und rasten nur selten.

Im Winter

Wenn der Winter kommt und es kälter wird, muss man sich warm halten. Sinkt unsere Körpertemperatur nur ein paar Grad zu weit ab, kann es um Leben und Tod gehen.

Der menschliche Körper hat viele Möglichkeiten entwickelt, um warm zu bleiben, zum Beispiel das Zittern. Wenn man zittert, werden die Muskeln sehr schnell angespannt und wieder entspannt. Dabei verbrennen sie mehr Nährstoffe zu Energie und erzeugen so Wärme. Oft klappern gleichzeitig die Zähne, mit demselben Ergebnis. Wir bekommen eine Gänsehaut, wenn winzige Muskeln die Härchen auf der Haut aufrichten, sodass die wärmende Luftschicht besser festgehalten wird.

Im Laufe der Jahrhunderte haben wir Vieles erfunden, um uns in kalten Winternächten vor der Kälte zu schützen. Bevor es Wärmflaschen aus Gummi und elektrische Heizdecken gab, wurden vorgewärmte Ziegelsteine oder mit heißem Wasser gefüllte Steinflaschen (rechts) benutzt, um das Bett zu wärmen. Eine andere Lösung war eine mit glühenden Kohlen gefüllte, kupferne Wärmpfanne. Sie hatte hölzerne Griffe und einen Deckel mit Löchern, aus denen der Rauch entweichen konnte.

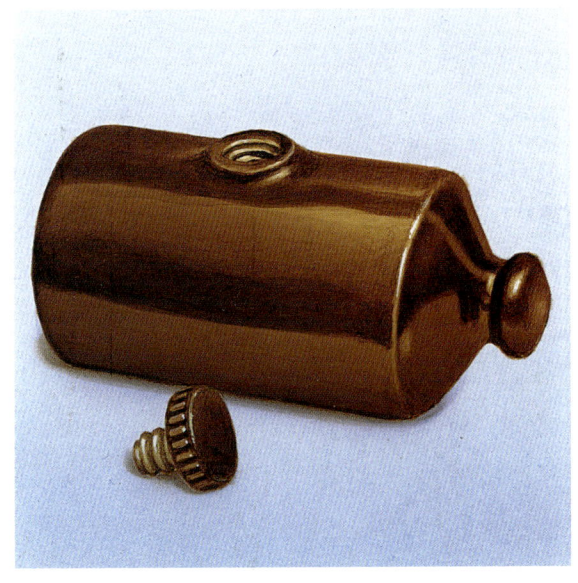

Neue Winterkleidung für draußen, die aus modernsten High-Tech-Materialien gefertigt ist, hält warm, selbst wenn es bitterkalt ist. Als Neuestes wird für Leute, die bei klirrender Kälte ins Freie müssen, wie zum Beispiel Bergrettungsteams und Bergsteiger, Kleidung mit Batterie-Heizung entwickelt. In das Material sind wärmeleitende Metallfäden eingearbeitet, die mit einer kleinen, tragbaren Batterie verbunden sind.

Winter auf dem Bauernhof

Auf dem Bauernhof ist der Winter eine ruhige Zeit, in der nicht viel passiert. Aber er ist genauso wichtig für das landwirtschaftliche Jahr, wie alle anderen Jahreszeiten.

Wenn im Winter die Temperaturen fallen, gefriert der Boden auf den kahlen Feldern und bricht auf. Schnee und Eis sammeln sich in der Erde, schmelzen im Frühjahr und wässern die neue Saat. Aus abgestorbenen Pflanzen und organischen Überresten bildet sich allmählich eine neue Schicht nährstoffreichen Mutterbodens. Bei wärmerer Witterung würde dieser Mutterboden von Insekten verzehrt werden, aber im Winter sind Insekten nicht aktiv, um die Kälte zu überdauern.

Frisches Gras ist knapp, daher wird das Vieh in die Ställe gebracht, wo es Futter bekommt und warm und trocken steht. Schafe sind robuster und bleiben oft den ganzen Winter über draußen. Wenn Schnee liegt, bringt der Bauer ihnen Heuballen auf die Weiden.

Die Ananas wächst in tropischen und subtropischen Ländern, wo es immer heiß ist. Da es keinen Winter gibt, kann die Ananas das ganze Jahr über angebaut und geerntet werden. Die Hauptanbauländer sind Hawaii und Malaysia.
Zur Vermehrung verwendet man die an der Basis der Ananasfrucht wachsenden Triebe, die man in lockeren Boden setzt. Es dauert etwa 18 Monate, bis die ersten Früchte geerntet werden können. Das ganze Jahr über wird angepflanzt, sodass der Nachschub an Ananas, die in die ganze Welt verkauft werden, stets gesichert ist. Sie werden erst geerntet, wenn sie reif sind. Anders als die meisten anderen Früchte reifen Ananas nicht mehr nach, wenn sie geerntet sind.

Winterspiele

Wenn frischer weißer Schnee den Boden bedeckt, ist die Welt wie verzaubert. Egal, wo man lebt, in der Stadt oder auf dem Land, alles sieht aus wie neu. Die Menschen möchten draußen sein und Schlittschuh laufen, Schlitten fahren oder Schneemänner bauen.

Das Schlittschuhlaufen ist wahrscheinlich vor ungefähr 3000 Jahren in Europa entstanden als eine Fortbewegungsart auf dem Eis in klirrender Winterkälte. Die ersten Schlittschuhe wurden aus Knochen von Elchen, Ochsen oder Rentieren gefertigt. Sie wurden geglättet und geformt und dann mit Bändern an den Füßen befestigt. Frühgeschichtliche Knochenschlittschuhe wurden in Island, Schottland, Deutschland und Skandinavien (zum Beispiel in Norwegen) gefunden. In Sibirien fand man Schlittschuhe aus Walrosszähnen! Moderne Schlittschuhe haben scharfe Kufen aus Nickel oder verchromtem Kohlenstoffstahl.

Heute läuft man vor allem zum Vergnügen Schlittschuh – nicht, weil man muss. 1876 wurde in London die erste künstliche Eislaufbahn, das Glaciarium, angelegt. Bereits drei Jahre später eröffnete die erste Eislaufhalle in New York in den Vereinigten Staaten. Eislaufbahnen werden mit der gleichen Technik gekühlt wie Kühlschränke. Die Eisoberfläche wird mit Spritzmaschinen geglättet und sauber gehalten.

Schlitten gibt es in allen Formen und Größen. Sie sind aus Holz, Metall oder Plastik gefertigt. Die Spitze ist oft nach oben und hinten gebogen. Daran sind Seile befestigt, an denen man sich festhalten kann.

Der traditionelle Schneemann hat eine Möhre als Nase und zwei Kohlenstückchen als Augen. Aus Eis und Schnee werden aber auch kompliziertere Bauten geschaffen, wie zum Beispiel beim Winterkarneval in Minnesota in den USA.

WARNUNG: Geht nur auf ausgewiesenen Eisbahnen und in Begleitung Erwachsener Schlittschuh laufen. Nie auf zugefrorenen Seen, Teichen oder Flüssen laufen – das Eis kann leicht einbrechen! Bittet immer einen Erwachsenen um Erlaubnis, wenn ihr Schlitten fahren oder im Schnee spielen möchtet.

Wintersport

Skifahren ist eine der spannendsten Wintersportarten – egal, ob man Anfänger ist oder ein Profi, der mit fast 100 Stundenkilometern den Berg heruntersaust.

Der Abfahrtslauf stammt aus den europäischen Alpen und wird daher auch als „Alpin-Ski" bezeichnet. Es gibt heute Tausende von Skigebieten auf der ganzen Welt – die meisten in Europa, Kanada, den Vereinigten Staaten und Japan.

In Ländern der Nordhalbkugel wird alljährlich von Dezember bis März der Ski-Weltcup abgehalten. Jedes zweite Jahr finden die Ski-Weltmeisterschaften statt, und alle vier Jahre die olympischen Winterspiele. Bei alpinen Skiwettbewerben gibt es fünf verschiedene Arten von Rennen: Abfahrt, Slalom, Riesenslalom, Super-G (Superriesenslalom) und die Kombination. In den Slalomrennen müssen die Sportler in einem Zickzackkurs durch eine Reihe von „Toren" aus paarweise aufgestellten Stäben den Berg herunterfahren.

Das Snowboarden entwickelte sich in den 1960er-Jahren in den Vereinigten Staaten aus dem Skifahren, dem Skateboardfahren und dem Surfen.

Winterbergsteigen kann schwierig und gefährlich sein. Die kalte Jahreszeit stellt mit extrem tiefen Temperaturen und schneidend kalten Winden die größten Anforderungen. Gute Bergsteiger sind körperlich sehr fit und riskieren nichts im Schnee und in den vereisten Felswänden. Sie tragen mehrere Schichten Schutzkleidung, die sie warm hält – einen Schutzhelm, Handschuhe, Schutzbrille und Steigeisen an den Bergstiefeln. Außerdem sind sie mit Eispickeln und Seilen ausgerüstet. Wenn sie in Schwierigkeiten geraten, stehen immer Bergrettungsmannschaften bereit.

Skistöcke bestehen aus Aluminium oder Verbundmaterialien. Etwa acht Zentimeter vom unteren Ende entfernt haben sie ein rundes oder sternförmiges Stück Plastik, den so genannten Teller, damit der Stock nicht in den Schnee einsinkt. Die Skischuhe bestehen aus einer äußeren Schale aus hartem Plastik und einem inneren Stiefel aus Schaumstoff.

Schneefestival in Sapporo

Japans größtes Schneefest findet alljährlich im Februar in Sapporo auf der Insel Hokkaido statt. Auf Japanisch heißt es Yuki Matsuri. Zum ersten Mal wurde es 1950 veranstaltet. Heute lockt es jedes Jahr etwa 2 Millionen Besucher an.

Riesige Skulpturen, die berühmte Gebäude oder Denkmäler, Fantasietiere oder Comicfiguren darstellen, werden mit einer erstaunlichen Liebe zum Detail in Schnee und Eis gehauen. Mehrere Stockwerke hohe, hell erleuchtete Gebäude aus Eis sind so groß, dass Besucher darin herumlaufen können. Manche sind fast 15 Meter hoch. Im Laufe der Jahre haben Schneekünstler viele wichtige Sehenswürdigkeiten der Welt aus Eis und Schnee nachgebaut, zum Beispiel die ägyptischen Pyramiden, den Tadsch Mahal und die chinesische Mauer. Mehr als 3000 Bildhauer nehmen teil – sie brauchen fast einen Monat, um die großen Skulpturen anzufertigen und arbeiten oft auch nachts. Mit Lastwagen wird frischer, sauberer Schnee aus den Bergen geholt und mit Bulldozern dorthin transportiert, wo er verbaut werden soll.

Das Fest der Wintersonnenwende – Makar Sankranti – wird in ganz Indien gefeiert. Man bemüht sich um Versöhnung mit den Angehörigen und Nachbarn und bereitet sich auf ein gutes Jahr vor. Das Ritual ist in den südlichen Regionen Indiens besonders farbenprächtig. Eine wichtige Rolle spielt das symbolische Kochen und Verzehren von jungem Reis. Im Süden heißt das Fest Pongal. Der Name stammt von einem besonderen Reisgericht, das dem Regen- und dem Sonnengott dargebracht wird. Pongal verfüttert man auch ans Vieh, zum Dank für seine harte Arbeit.

1972 fand das Schneefest während
der 11. Olympischen Winterspiele in
Sapporo statt, was dafür sorgte, dass es auf
der ganzen Welt bekannt wurde. Als Folge wird seit
1974 ein internationaler Schneeskulpturenwettbewerb veranstaltet,
an dem Bildhauer aus aller Welt teilnehmen. Darunter sind sogar
Teams aus Hawaii und aus südostasiatischen Ländern, in denen es
nie schneit, sodass die Künstler nur in viel kleinerem Rahmen
Erfahrungen mit Eisskulpturen sammeln können.

Neujahr

Am Silvesterabend (am 31. Dezember) bleiben Menschen in aller Welt bis Mitternacht auf, um den Beginn eines neuen Jahres zu feiern.

In Schottland ist Neujahr – Hogmanay, wie es auf Schottisch heißt – das wichtigste Fest des Jahres. Es zieht viele Menschen in die großen Städte wie Edinburgh und Glasgow. Das neue Jahr wird überall in der Welt gefeiert, aber manche Gemeinschaften (zum Beispiel Hindus, Moslems oder Chinesen) benutzen andere Kalender, sodass das Fest auf einen anderen Tag des Jahres fällt.

Es gibt verschiedene Meinungen darüber, woher das Wort „Hogmanay" stammt – möglicherweise vom gälischen „oge maidne", was „neuer Morgen" bedeutet.

Um Punkt Mitternacht wird vom Edinburgher Schloss aus, hoch oben auf einem Hügel über der Princes Street, ein großes Feuerwerk gezündet.

Man ist sich aber einig, dass die Wurzeln des Hogmanay in heidnischer Zeit liegen, als die Menschen mitten im tiefsten Winter die Sonne und das Feuer anbeteten. Im Laufe der Zeit entwickelte sich daraus das große römische Winterfest Saturnalia – eine Zeit ausgelassenen Frohsinns.

Heute versammeln sich viele Menschen in den Zentren der großen Städte wie New York, Sydney oder London, und auch in Schottland. Auf dem Times Square in New York wird um Punkt Mitternacht eine Kristallkugel abgesenkt, die im Licht glitzert. In Sydney in Australien findet im Hafen und auf der berühmten Brücke ein spektakuläres Feuerwerk statt. In London wird auf dem Trafalgar Square „Auld Lang Syne" („Nehmt Abschied, Brüder") gesungen.

Zu den Bräuchen an Hogmanay gehört es, dass mit dem letzten Glockenschlag um Mitternacht ein dunkelhaariger Mann ins Haus gebeten wird . Er muss ein Stückchen Kohle (für Wärme), etwas Brot (für Nahrung) und eine Münze (für Reichtum) mitbringen.

In den USA feiert man jedes Jahr am 2. Februar den Tag des Murmeltiers. Der Bürgermeister und die Bürger von Punxsutawney in Pennsylvania schauen zu, wie ein Murmeltier namens Phil aus dem Winterschlaf erwacht. Wenn die Sonne scheint und Phil seinen Schatten sehen kann, schläft er noch sechs Wochen lang weiter, aber wenn es bewölkt ist, bleibt er draußen und kündigt damit den Frühling und schönes Wetter an.

JAHRESZEITLICHE FESTE

JANUAR
NEUJAHR

FEBRUAR
KARNEVAL (CHRISTLICH)
CHINESISCHES NEUJAHR
ASCHERMITTWOCH (CHRISTLICH)
NIRVANA-TAG (BUDDHISTISCH)
EID UL ADHA (ISLAM. OPFERFEST)

MÄRZ
AL HIJRAH (ISLAM. NEUJAHR)
ST. PATRICK'S DAY (CHRISTLICH)
FRÜHLINGS-TAGUNDNACHT-
GLEICHE: FRÜHLINGSANFANG
PASSAH („FEST DER UNGE-
SÄUERTEN BROTE", JÜDISCH)
KARFREITAG (CHRISTLICH)
BEGINN DER SOMMERZEIT

APRIL
OSTERMONTAG (CHRISTLICH)
BAISAKHI MELA (SIKH-NEUJAHR)
RAMA NAVAMI (HINDUISTISCH)

MAI
MUTTERTAG
PFINGSTEN (CHRISTLICH)
DREIFALTIGKEITSSONNTAG
(CHRISTLICH)
WESAK-TAG (BUDDHISTISCH)
FRONLEICHNAM (CHRISTLICH)

JUNI
MARTYRIUM DES GURU ARJAN
DEV JI (SIKH)
SOMMERSONNENWENDE:
SOMMERANFANG

September
Rosh Hashanah (jüdisches Neujahr)
Jom Kippur (jüdisches Versöhnungsfest)
Herbst-Tagundnachtgleiche
Herbstanfang

Oktober
Erntedankfest
Sukkot
(1. Tag; jüdisches Laubhüttenfest)
Navaratri
(das Fest der Neun Nächte, 1. Tag; hinduistisch)
Ende der Sommerzeit
Allerheiligen
Halloween

November
Divali (Neujahrsfest; hinduistisch)
Ramadan (islamischer Fastenmonat)
Volkstrauertag
Geburtstag des Guru Nanak Dev Ji (Sikh)
Martyrium des Guru Tegh Bahadur Ji (Sikh)

Dezember
Chanukka ("Lichterfest", jüdisch)
Eid ul Fitr (Ende des Ramadan; islamisch)
Bodhi ("Erleuchtung" Buddhas; buddhistisch)
Wintersonnenwende: Winteranfang
Weihnachten (christlich)
Silvester

INDEX